미학개론

-
매일 몸과 마음의 양식을 채워주시는
어머니 김옥례와 아내 최지원께
고마움의 흔적을 남깁니다.

米미학 개론

김동규 지음

좋은 쌀, 좋은 밥, 좋은 삶 이야기

경계

| 추천의 글

밥맛만큼은

끌리지 않기 위하여

일본 음식을 탐구하기 위해 10여 년 동안 100여 차례 넘게 일본을 오가던 시절이 있었다. 다양한 일본 음식을 경험하고, 일본 식문화의 속살을 탐구했다. 그 과정에서 내가 깨달은 한 가지 충격적인 사실은 바로 "일본의 밥이 너무 맛있다"라는 점이었다. 다른 음식도 아니고, 밥이 주식인 나라에서 밥맛이 뒤진다는 건 자존심이 무척 상하는 일이었다.

우리가 어떤 나라인가. 고대에는 벼 재배법을 일본에 전수했고, 임진왜란 때는 일본 밥그릇의 근간이 되는 도자기 제조법이 건너갔다. 일제 강점기에는 일본인 스스로 '밥도둑'이라 칭하는 명란까지 전해졌다. 오늘날 일본이 성취한 밥과 관련한 식문화에는 우리가 차지하는 지분이 결코 적지 않다.

무엇보다 우리는 밥을 너무 사랑하고 많이 먹는 민족이었다. 오죽했으면 국가가 국민의 밥그릇 크기에까지 관여할 정도였다. 그런 나라가 밥맛에서 일본보다 뒤쳐진다는 건 도무지 받아들이기 어려운 일이었다.

나는 열 일을 제쳐두고 우리나라와 일본의 밥맛을 본격적으로 탐구하기 시작했다. 벼 품종, 재배 환경, 재배 기술, 유통, 취반 기술 등 각각의 분야를 세밀하게 비교했다. 그런데 결정적인 차이는 이런 하드웨어적 조건이 아니었다. 밥을 대하는 태도, 즉 소프트웨어가 달랐다. 그래서 소비자의 태도를 바꾸고자 쌀과 밥에 관한 강의를 시작했다. 하지만 평론가로서 내가 할 수 있는 일에는 한계가 있었다. 의제를 설정하고 확산시키는 것이 전부였다. 시장의 모순과 소비자의 습관을 바꾸기 위해서는 구체적인 실천이 필요했다. 바로 그때 등장한 것이 김동규 대표의 〈동네정미소〉였다.

지난 20년 동안 음식점에서 파는 밥 한 그릇의 가격은 여전히 1,000원이다. 20년 동안 가격이 변하지 않은 재화가 있을까? 절대 불가능한 일이다. 그 불가능이 가능했던 것은 국가가 쌀값 안정을 위해 다양한 정책을 펼쳤고, 농민들은 자기희생을 감수하며 국가 시책에 따랐으며, 소비자는 안정적인 쌀값에 만족하며 살아왔기 때문이다. 대신 밥맛은 포기

되었다.

1979년 이후 꾸준히 감소해 온 1인당 쌀 소비량은 이제 더 이상 줄어들 여지가 없을 정도로 낮아졌다. 이제는 쌀의 절대량이 아니라 쌀의 품질과 소비 방식을 이야기할 때다. 소비자가 잃어버린 밥맛을 되찾아 줄 메신저가 필요한 시점이다. 김동규 대표에게 주어진 사회적 역할이 바로 그것이다. 지난 몇 년간 〈동네정미소〉는 단순한 쌀 소매점을 넘어, 우리 국민이 잃어버린 밥맛을 찾아주는 메신저로 기능해 왔다. 그리고 그 여정이 『미학개론』 속에 고스란히 담겨 있다.

나는 스스로 각성한 개인에게 사회적 모순과 대중의 태도를 바꿀 힘이 있다고 믿는다. 김동규 대표와 〈동네정미소〉가 그 희망의 증거다. 『미학개론』을 통해 더 많은 김동규와 더 많은 동네정미소가 생기길 바란다. 우리가 밥맛으로 남에게 꿀릴 수는 없는 민족 아닌가.

- 박상현 (맛 칼럼니스트)

목 차

추천의 글_ 박상현(맛 칼럼니스트) • 5

프롤로그 : 쌀, 나의 첫 번째 미학 • 10

1부_ 쌀이라는 세계를 묻다

일본에는 밥 소믈리에가 있다 • 24
토종벼, 잃어버린 이름을 부르다 • 31
쌀, 너의 이름은? • 39
밥맛을 가르는 작은 비밀 • 48
밥 한 그릇, 하루의 얼굴 • 56
쌀로 다이어트가 가능하다?! • 63
나는 작디작은 논의 농부입니다 • 70

2부_ 쌀, 변신의 미학

좋은 쌀이 좋은 술을 만든다 • 78
쌀의 기억을 빚는 떡 • 85
쌀빵, 시간을 굽다 • 92
국수로 이어진 쌀의 새로운 길 • 100

3부_ 쌀의 풍경, 한국을 걷다

한 숟가락의 평가, 전국을 달리다 • 110
밥을 따라 걷는 길 • 121
쌀을 고르고, 고르다 • 132
: 취향을 담은 쌀집들
논이 있는 풍경, 밥이 있는 자리 • 141
쌀이 예술이 될 때 • 154

米
미학개론

4부_ 쌀의 풍경, 아시아를 걷다

쌀의 품격이 삶을 바꾸다 ◦ 164
: 아코메야와 스즈노부 쌀가게(일본)

8대째 이어온 밥집과 밥솥 회사의 식당 ◦ 173
: 하치다이메 기헤이와 조지루시 키친(일본)

쌀이 내리는 도시, 니가타 ◦ 180
: 설국의 기억과 사케의 향연(일본)

타이완 쌀 마을, 츠샹을 가다 ◦ 189
: 세 겹의 역사와 쌀로 이어진 길(타이완)

내 인생의 퍼펙트 데이 ◦ 200
: 치앙마이에서 만난 리틀 포레스트, 그랜마 홈 쿠킹 스쿨(태국)

나는 루앙프라방에 쌀을 심었다 ◦ 209
: 리빙 팜에서의 한 줄기 논길, 한 포기 벼의 기억(라오스)

히말라야 트레킹에서 만난 밥심, 달밧 ◦ 217
: 밥 한 그릇이 잇는 산과 사람(네팔)

쌀이 축제가 되다 ◦ 226
: 전통과 신화, 그리고 공동체의 무대

5부_ 쌀의 미래, 우리가 지을 내일

일본 쌀값 폭등과 쌀의 미래 ◦ 238
쌀과 사람들 ◦ 245
쌀과 라이프스타일, 변화의 길 ◦ 252

에필로그 : 쌀의 미래 ◦ 262

| 프롤로그

쌀,
나의 첫 번째 미학

나는 쌀밥을 좋아한다. 그중에서도 때깔 좋고 향기 가득한 맛있는 밥을 만나면 자못 흥분한다. 이 밥은 어떤 품종의 쌀로 지었을까? 밥솥은 어떤 제품일까? 밥과 요리가 어쩜 이렇게 궁합이 잘 맞지? 주인장이 쌀에 대한 나름의 철학을 가지고 있는 걸까? 갑자기 궁금한 것들이 많아진다.

나에게 쌀은 그냥 곡물이 아니다. 쌀은 향기이고, 색깔이고, 스토리며, 철학이다. 농부의 땀과 바람, 흙과 물, 계절의 시간과 인간의 손끝이 만든 결정체다. 잘 알려지지는 않았지만, 와인을 빚는 포도에 떼루아가 있듯 쌀에

> 떼루아(terroir)는 프랑스어로 특정 지역의 자연적·인간적 요인이 농산물의 맛과 품질에 미치는 총체적 영향을 의미한다. 특히 와인과 커피 등에서 자주 쓰이며, 같은 품종이라도 어디서 어떻게 자랐느냐에 따라 맛이 달라지는 이유를 설명할 때 사용된다.

도 떼루아가 있다. 쌀도 기후와 토양, 지형, 물, 재배 방식에 따라 각기 다른 맛과 식감을 가지며, 이는 그 자체로 하나의 독립된 세계를 형성한다.

예컨대 이탈리아의 아꿰렐로(acquerello) 쌀은 리조또용 명품 쌀로, 재배에서 도정, 숙성, 판매, 포장까지 무려 24단계에 걸쳐 세분화해 관리되며, 그래서 흔히 '쌀의 롤스로이스로도 불린다. 커피 애호가가 원두의 산지와 로스팅에 집착하듯, 와인 애호가가 지역과 품종, 숙성 연도에 매달리듯, 쌀도 그만큼 꼼꼼하게 사랑받을 자격이 있다. 이름이 있고, 등급이 있으며, 생산자와 지역 특성도 분명하다. 우리가 쌀을 좀 더 알아간다면, 누구나 '맛있는 밥'을 만날 수 있다.

누구나 인생 밥이 있다 •

초등학교 5학년 때였던 걸로 기억한다. 엄마가 집을 비운 어느 날, 나는 태어나서 처음 내 손으로 밥을 지었다. 당시 우리 집은 석유곤로를 사용했는데, 맨 아래 연료통에 석유를 채워두고 그 위 몸통의 둥그런 심지를 세

> 원래 정식 명칭은 석유풍로였으나, 사람들은 흔히 일본식 이름인 '곤로'라고 부르는 데 더 익숙했다. 집집마다 LPG나 도시가스, 인덕션이 도입되면서 지금은 찾아보기 어렵다.

워 불을 붙인 뒤, 맨 위에 놓인 화구에 조리도구를 올려놓고 음식을 조리하는 방식이었다. 나는 쌀을 씻어 양은 냄비에다 담은 뒤 호기롭게 불을 켰으나, 결과는 처참했다. 밑바닥은 새까맣게 타고, 중간은 그나마 먹을 만하지만 위는 설익은, 이른바 3층 밥이 되었다. 내 인생의 첫 번째 밥 짓기는 그렇게 실패했다. 왜 학교에서는 수업 시간에 밥 짓는 법을 가르쳐주지 않은 걸까, 어린 마음에 억울했다.

1995년 11월 30일 군에 입대한 날도 생각이 난다. 첫날은 긴장과 낯섦으로 인해 입맛이 없어서 밥을 거의 먹지 못했다. 다음 날 아침이 되자 당연히 허기가 밀려왔고, 오늘 아침밥만큼은 잔뜩 먹어둬야지 다짐했다. 비록 보리와 쌀이 섞인 떡밥이었지만, 그런 걸 가릴 처지가 아니었다. 허겁지겁 입 안으로 밥을 두세 숟갈이나 밀어 넣었을까, 순간 갑자기 조교의 명령이 식당 안에 울려 퍼졌다. "동작 그만, 모두 숟가락 놓고 일어섭니다. 실시!" 나는 어떻게든 한 숟갈이라도 더 먹으려고 퇴식구까지 걸어가는 동안 조교의 위치를 확인하며 서둘러 입에 밥수저를 욱여넣었다. 눈물이 났다.

그리고 시간이 흘러 2013년, 직장을 그만두고 홀로 남도 여행을 떠났다. 전라남도 순천 선암사에서 조계산을 넘어 송광사로 가는 산길 어디쯤에서 보리밥집을 하나 발견했다. 벚꽃 날리는 평상에 앉아서 먹었던 그날의 밥을 나는 지금도 잊지 못한다. 보리밥, 나물, 숭늉, 막걸리 한잔, 그리고 떨어지는 벚꽃 한 잎. 생각해 보면 누구나 그렇게 인생 밥이 있다.

동네정미소의 시작 •

2016년 어느 날, 『일본의 맛, 규슈를 먹다』라는 책의 저자인 박상현 맛 칼럼니스트의 특강을 듣게 되었다. 그날의 강의를 통해서 난 좋은 쌀과 그렇지 못한 쌀의 차이를 알게 됐고, 밥이라고 해서 다 같은 밥이 아니라는, 어쩌면 너무도 당연한 사실을 새삼 깨닫게 되었다. 특히 일본에는 밥 소믈리에와 쌀 마이스터라는 직업이 있을 뿐 아니라 코인 정미소와 쌀 전문 편집숍 같은 가게도 존재한다는 이야기가 내 귀를 확 잡아끌었다. 코인 정미소는 가게 안 자판기에 동전을 넣고 원하는 쌀을 구매하는 방식으로 운영되는 곳이다. 우리 주변에서 흔히 볼 수 있는 코인 세탁소를 떠올려 보면 머릿속에 쉽게 그림이 그려질 텐데, 다만

> 일본에는 쌀과 밥 전문가를 일컫는 밥 소믈리에 자격증 시험이 있다. 〈일본취반협회〉가 주관해서 매해 1~2회 시험이 진행되고 있다. 쌀 마이스터는 쌀 전문가 인증 시스템으로, 3성 쌀 마이스터는 5년 이상 쌀 가게를 운영하고 일정한 자격 조건을 갖추면 시험을 볼 수 있는 자격이 주어진다. 5성 마이스터는 3성 마이스터를 거친 사람이 한 단계 높은 시험과 실무능력 테스트를 통과하면 부여받는다.

제품만 선택하는 게 아니라 품종과 분도수를 선택하면 거기에 맞게 즉석에서 도정되어 나온다는 게 특징이다. 쌀 편집숍은 기존에 포장된 쌀을 구매할 수도 있고, 개성 넘치고 고급스러운 포장 재료에 담긴 쌀도 선택할 수 있는 곳이다. 거기에다가 밥솥이나 수저 등의 식기 도구나 책도 판매한다.

아무튼 그런 이야기를 듣고 난 후 '어라, 이거 좀 재미있겠는데? 부럽기도 하고 말이야. 근데 우리라고 못할 이유가 있나?' 하는 생각이 머리를 스쳤다. 그것이 시작이었다. 갑자기 호기심과 도전 의식이 폭발했다. 그리고 속으로 생각했다. '그럼 내가 대한민국 1호가 되면 되잖아?' 그렇게 나는 밥 소믈리에가 되기로 결심했고, 미술관에 있는 큐레이터라는 직업에서 영감을 얻어 '쌀 큐레이터'라는 그럴듯한 명칭까지 생각해 냈다.

일단 처음에는 〈쌀카페 협동조합〉이라는 이름으로 사람들을 모았다. 주로 서울의 도시농부, 농민단체 활동가, 마을공동체 카페 매니저, 마을기업 대표 등이 모였고, 도시와 농촌이 상생하는 사회적 경제의 새로운 모델로서 쌀 전문 편집숍을 만들어 보자는 데 뜻을 같이했다. 그러다가 실제 창업을 준비하면서 협동조합은 주식회사가 되었다. 마침 갓 지어진 사회주택 건물 1층에 자리한 커뮤니티 공간에 쌀 전문 편

집숍을 열어보라는 제안이 들어왔기 때문에 한시라도 서두르고 싶었기 때문이었다. 그리고 가게는 공간 디자인과 인테리어를 담당했던 청년 디자인 그룹이 주변 청년들을 대상으로 한 설문 조사와 브랜딩 작업을 거쳐 제안한 '동네정미소'란 이름을 갖게 되었다.

그렇게 2017년 11월 22일, 대한민국 최초의 쌀 전문 편집숍 〈동네정미소〉가 서울 마포구 성산동에 첫 둥지를 틀게 되었다. 뒤이어 2018년 마포구 서교동에 2호점, 2019년 수원 광교에 3호점을 내면서 주변과 언론의 많은 관심도 받았다. 초기에는 쌀에 대한 관심을 높이고 판매를 늘리기 위해서는

갓 도정한 쌀로 밥을 하는 식당을 함께 운영하는 것이 효과적이라는 생각에 '밥이 맛있는 식당'을 열어 제 궤도에 올려놓는 일에다 온 에너지를 쏟았다. 하지만 2020년부터 전 세계를 할퀸 코로나19의 거센 발톱은 이제 막 걸음마를 뗀 〈동네정미소〉까지 마구 할퀴었고, 결국 식당은 모두 폐업을 결정할 수밖에 없었다. 그 후 여러 사람들의 도움과 변화를 위한 자체 노력을 통해 현재는 쌀 패키지 상품을 개발하고, 쌀 정기구독 서비스와 쌀 큐레이터 교육, 팝업 형태의 '미*술관 프로젝트'에 집중하면서 대한민국 1호 쌀 전문 편집숍으로서의 도전을 계속 이어 나가고 있다.

맛있는 밥을 찾아서 •

2023년 〈농림축산식품부〉에서 주최한 '쌀맛 나는 식당'이라는 프로그램에 현장 심사위원으로 참여한 적이 있다. 쌀 소비량이 해마다 줄어드는 현실 속에서, 밥맛 좋은 전국의 식당들을 찾아 추천하고 홍보하며 쌀 소비를 촉진하고자 마련된 뜻깊은 자리였다. 그 덕분에 전국 방방곡곡에서 밥 좀 맛있게 한다는 식당들을 하나하나 찾아다니며 숨은 장인들의 솜씨를 직접 눈과 혀로 확인할 수 있는 보기 드문 기회를 누릴 수 있었다.

결국 심사를 거쳐 최종적으로 '쌀맛 나는 식당' 30곳이 선발됐는데, 그때 난 이들이야말로 '대한민국 미*슐랭' 맛집이 아닐까 싶었다. 오로지 쌀이라는 가장 흔한 식재료 하나를 가지고 각자의 개성과 실력이 녹아든 밥을 짓는 장인들. 그러나 이 프로그램은 아쉽게도 다음 해로 이어지지 못했다. 예산 문제였을 수도 있고, 담당자 교체 등 복잡한 사정이 있었으리라. 그러나 나는 그 취지와 꿈을 접지 않았다. 언젠가 나의 브랜드인 〈동네정미소〉가 이 '쌀맛 나는 식당'들과 함께 대한민국 미*슐랭 프로젝트로 다시 한번 K-Rice의 새로운 길을 열어 갈 그날이 오리라 믿는다.

그러한 믿음과 확신, 그리고 쌀에 대한 원초적 애정은 언젠가부터 나를 아예 나라 밖으로 이끌었다. 일본을 시작으로 타이완, 태국, 라오스, 네팔까지 아시아 5개국을 돌며 밥맛의 진수를 찾아다니는, 이른바 '쌀 투어'를 감행한 것이다.

그리고 이번 책의 원고 마무리 작업이 한창이던 2025년 여름에는 쌀로 만든 유럽의 음식들과 위스키를 맛보러 아일랜드, 스코틀랜드, 스페인에 다녀오기도 했다. 그만큼 출간 일정이 뒤로 미뤄져 출판사에는 한없이 미안한 마음이었으나, 미지의 세계에 대한 호기심과 욕망은 나의 이성보다 힘이 셌다. 언젠가는 아프리카, 북중미, 남미, 호주에 이르기까지 세계의 다양한 쌀과 요리, 쌀 관련 식당과 공간, 사람들을 만나러 다니는 '세계 쌀 투어'도 떠나리라 꿈꾸고 있다.

쌀도 이제 취향과 미식의 시대다. 나는 그것을 믿는다. 그리고 그 맛의 여정에 더 많은 이들이 함께하길 바란다.

> 1994년 우루과이라운드(Uruguay Round)는 〈세계무역기구(WTO)〉의 출범을 이끈 다자간 무역 협상으로, 당시 한국은 그에 따라 쌀 시장을 개방하라는 거센 압력에 놓였다. 결국 정부는 같은 해 12월 WTO 출범 직전에 쌀의 관세화 유예를 조건으로 10년간의 저율 관세 쌀 수입 의무화(최소시장접근, Minimum Market Access)를 수용하였다. 이 조치는 국내적으로 큰 반발을 불러일으켰고, 전국적으로 학생과 농민들의 시위가 확산되었다. 이후 2004년 한 차례 유예 연장 협상을 거쳐 2015년부터는 쌀 관세화가 공식 시행되었다.

나는 대한민국 1호 쌀 큐레이터다 •

〈동네정미소〉를 만들기 전, 나 역시 쌀과 밥에 대해 아는 게 거의 없었다. 대학 시절 농활 가서 모내기도 해 보고, 1994년 우루과이라운드 쌀 수입 개방에 반대하는 시위에도

프롤로그

열심히 참여했지만, 정작 쌀과 밥 자체에 대해서는 무지했다.

그 시절 나는 쌀 시장이 개방되면 한국인의 주식인 쌀의 생산과 유통, 소비가 위협받고, 식량주권까지 빼앗긴다고 생각했다. 그래서 결국 농업과 농촌이 무너질 것이라는 두려움도 컸다. 물론 충분히 근거 있는 우려였지만, 정작 '쌀' 그 자체에 대해서는 깊이 고민해 본 적이 없었다. 나뿐만 아니라 우리 한국인들은 매일 밥을 먹고, 쌀을 주식이라 말하면서도 실제로 쌀과 밥에 대해서는 놀라울 만큼 모르고, 또 관심이 없다.

그러나 분명한 것은, 밥을 맛있게 만드는 이론과 방법이 존재한다는 사실이다. 심지어 다이어트에도 도움이 되고, 혈당을 관리하는 식사법도 쌀과 밥의 세계 안에 있다. 나는 쌀과 밥에 대한 우리의 무관심을 걷어내고, 여러 오해와 편견도 풀어내고 싶다. 그리고 쌀, 밥, 술에 담긴 다양한 이야기들을 들려주고 싶다.

대한민국에서 맛있는 밥을 먹기 위한 간단한 방법이 있다. 첫째는 식당에서 공깃밥과 온장고를 사용하지 않는 것이다. 둘째는 집에서 밥을 지을 때 밥솥의 보온 기능을 끄고 갓 지은 밥을 바로 먹는 것이다. 이 두 가지를 실천하는 것만으로도 밥맛은 크게 달라질 수 있다.

나는 좋은 쌀이 좋은 밥을 만들고, 좋은 술을 만들며, 좋은 떡과 좋은 빵도 만든다고 믿는다. 더 나아가 쌀은 단순한 식재료를 넘어 예술이 될 수 있다고 생각한다. 쌀은 농업이자 문화이며, 식사이자 삶의 미학이다. 이 책은 바로 그 쌀에 관한 이야기다. 이름하여 '미*학 개론'이다. 말 그대로 맛있는 쌀, 맛있는 밥, 그리고 좋은 술에 관한 미학적 탐구다.

이제 나는 독자들과 함께 맛있는 밥을 찾아, 쌀이 예술이 되는 세계로 여행을 떠나고자 한다. 쌀이 다시 빛날 수 있는 시대가 오기를 바라며, 오늘도 나는 이렇게 인사하고 싶다.

Have a Rice Day.

1부

쌀이라는 세계를 묻다

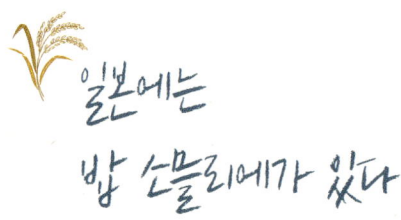
일본에는 밥 소믈리에가 있다

 오늘날 우리가 일상적으로 즐겨 마시는 커피와 와인은 이제 음료를 넘어 하나의 문화로 소비되고 있다. 커피만 보더라도 추출 방식, 원두의 산지, 로스팅 정도에 따라 풍미가 다양하게 갈리며, 이와 관련된 전문 직업도 다양하다. 우선 에스프레소 머신 등의 전문 장비를 사용해 맛있는 커피를 추출하는 바리스타(barista)라는 직업이 가장 잘 알려져 있고, 그 외에도 생두를 볶아 커피 원두를 만드는 로스터(roaster), 커피의 품질을 평가해 등급을 매기는 큐-그레이더(Q-grader), 커피 관련 이론과 실습 교육을 제공하는 커피 트레이너(coffee trainer) 등이 있다.

 와인의 세계는 더 복잡하고 깊다. 소믈리에(sommelier)는 각기 다른 음식마다 거기에 잘 어울리는 와인을 추천해 주고, 와인 메이커(wine maker)는 수확한 포도를 직접 발효시켜 한 병의 와인을 만든다. 그뿐만이 아니다. 토양과 기후, 병충해, 수확량 등을 분석해 와인의 재료인 포도를 재배하는 전문가인 와인 그로어(wine grower), 와인 분야에서 최고 수준의 전문 지식과 평가 능력을 갖춘 와인 마스터(master of wine)도 있다.

밥도 감별이 가능할까 •

그런데 일본에는 특이하게도 밥 소믈리에라는 전문가 과정이 따로 있다. 일본어로 밥을 공손하게 가리키는 '고항(ご飯)'과 소믈리에를 합쳐 실제로 '고항 소무리에(ごはんソムリエ)'라 불리는 이들은 다양한 품종의 쌀을 식감과 향, 맛, 윤기, 찰기 등의 특징으로 구별하고, 요리의 종류나 고객의 기호에 맞는 최적의 쌀을 추천하는 전문가다. 즉 "초밥에는 고시히카리 쌀이 잘 어울리지요. 아, 그런데 찰진 밥을 좋아하는 고객에게는 히토메보레 쌀을 추천해 드립니다" 하는 식이다.

물론 이들은 단지 품종을 추천하는 데 그치지 않는다. 쌀을 잘 보관하고 맛과 영양을 해치지 않게 씻는 방법, 쌀을 깎는 도정 정도, 밥을 맛있게 짓는 방식 등도 제안하고 가르친다. 그래서 가정주부부터 식당의 요리사, 쌀 유통 종사자까지 이런 밥 소믈리에의 노하우에 귀를 쫑긋 세운다.

쌀에 관심을 가지기 시작한 뒤 그런 이야기를 전해 들은 나는 처음에는 의구심부터 품었다. 좋은 햅쌀을 가지고 윤기가 잘잘 흐르도록 맛있게 밥을 지으면 어떤 음식에 곁들여 먹든지 간에 그냥 한 그릇 뚝딱이지, 정말로 품종에 따라 궁합이 맞는 음식이 따로 있다고? 직접 눈으로 확인하고 싶었다. 내 입으로 맛보고 싶었다. 그래서 2017년 처음 일본 도쿄로 쌀가게 탐방을 떠났다. 그때 일본의 대표적인 쌀 편집숍인 〈아코메야〉 긴자점을 들렀는데, 거기서 말 그대로 쌀의 신세계를 경험했다. 갖가지 품종, 도정 정도, 패키지, 큐레이션과 스토리가 한데 어우러진 매장을 둘러보며 난 쌀에 대해 어설프게나마 눈을 떴고, 그 여운이 채 가시기 전인 2017년 11월에는 덜컥 〈동네정미소〉라는 이름으로 대한민국 최초의 쌀 전문 편집숍을 여는 사고(?)를 치고 말았다.

쌀을 공부하는 사람들 •

 그리고 2023년 가을, 그동안 갖은 시행착오를 거듭한 나는 함께 쌀을 공부하는 모임을 만들었다. 나를 포함해 밥집 사장, 떡집 주인, 양조장 대표, 농부, 교수까지 서로 다른 배경과 직업을 가진 사람들이 모였다. 처음에 우리는 일본의 밥 소믈리에 교재와 번역서를 중심으로 공부하기 시작했다. 그리고 인터넷의 바다에서 관련 자료를 추가로 찾아 정리하고, 실습 내용을 토론하며 쌀에 대한 지식과 감각을 키워갔다. 그러던 어느 날 〈하얀술〉이라는 농업회사법인의 이정희 대표가 말했다. "우리도 아예 밥 소믈리에 자격증 시험에 도전해 보는 건 어때요?" 그렇게 우리는 2024년 7월, 제20회 일본 밥 소믈리에 시험을 보기 위해 바다를 건넜다.

시험은 〈일본 취반협회〉에서 주관한다. 홈페이지(www.rice-cook.com)에서 신청하면, 일본어로 된 교재와 수험표가 우편으로 날아온다. 수험료와 수강료는 2024년을 기준으로 55,000엔(한화 약 52만 원) 정도이다. 교육은 1박 2일 동안 진행되며, 교재를 중심으로 한 분야별 전문 강사들의 강의와 밥맛을 비교하는 관능 평가 실습이 주를 이룬다. 필기시험은 일본어로 된 객관식 문제로 구성되고, 실기시험은 3가지 품종의 밥을 비교해 구분하는 관능 평가로 치러진다.

우리 공부 모임 회원들은 한국에서 이미 일본어 교재를 번역해서 미리 선행 학습을 해 간 상태였다. 그래도 불안한 나머지 현지에서는 첫날 수업이 끝나자마자 숙소에 모여서 복습을 했고, 다 같이 예상 문제를 뽑아보며 시험 준비에 만전을 기했다. 수험료, 숙박비, 항공료 등 만만치 않은 비용도 비용이었지만, 한국을 대표하는(?) 쌀 편집숍 사장이 밥 소믈리에 시험에 떨어지면 고개를 못 들 것 같아 나는 누구보다 열심히 공부했다.

일본의 밥 소믈리에 자격증은 한식이나 양식 조리사 자격증과도 같다. 조리사 자격증이 있어야만 식당을 열 수 있는 건 아니지만, 사람들은 자격증을 가진 셰프의 식당에 훨씬 더 신뢰를 보낸다. 마찬가지로 한국에서도 쌀과 밥을 다루는 직업에 진입할 때는 관련 자격증을 따거나 최소한 기본적인 교육 과정을 거칠 수 있는 제도를 마련할 필요가 있겠다는 생각이 계속 들었다. 그런 과정을 거친 사람이 운영하는 식당이나 가게 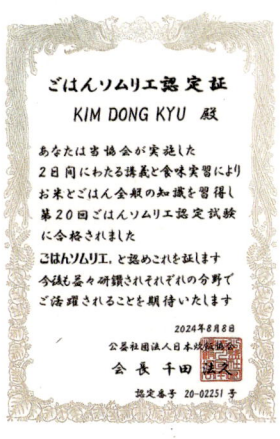 일수록 더 신뢰받는 문화도 자리 잡았으면 좋겠다. 무엇보다 쌀과 밥에 대한 기초 이론과 정보, 그리고 기본 실습 과정을 익히기 때문에 준비 과정 자체가 쌀과 밥을 공부하는 데 큰 경험과 도움이 된다.

대한민국 쌀 큐레이터를 만들자 •

시험을 마친 지 한 달쯤 지난 뒤, 이메일로 합격 통보가 왔다. 그리고 얼마 후엔 자격증이 우편으로 날아왔다. 이게 뭐라고, 봉투를 뜯는 손끝은 떨렸고, 자격증을 꺼내는 순간 가슴이 뜨거워졌다. 나 자신이, 그리고 우리가 해온 공부가 정식으로 인정받았다는 사실이 뿌듯했다. 쌀과 밥에 관한 한 어디서든, 누구에게나 자신 있게 설명하고 조언을 해줄 수 있겠다는 자신감이 샘솟았다. 앞으로는 정말 좋은 쌀을 고르고, 소개하고, 맛있는 밥을 지어 식탁에 올릴 일만 남았다.

한국에도 밥솥이나 식품 회사 연구원, 요리사, 유통 전문가까지 쌀과 밥을 전문적으로 다루는 직업군이 있다. 그들 중에서도 일본의 밥 소믈리에 자격증이 있는 사람들이 꽤 있다. 그러나 밥 소믈리에를 체계적으로 교육하고 육성하는 제도나 협회는 아직 이 나라에 없다. 나는 언젠가, 아니 머지않은 시기에 한국형 밥 소믈리에 협회와 쌀 큐레이터 자격증이 생겨야 한다고 믿는다.

비록 난 자격증을 땄지만, 그게 끝이 아니다. 시작일 뿐이다. 나는 여전히 궁금하다. 이 쌀은 왜 이리 달지? 이 밥은 왜 이렇게 부드럽지? 한국에는 어떤 밥맛이 사라졌을까? 앞으로는 어떤 쌀을 되살리고, 또 어떤 쌀을 지켜야 할까?

그래서 나는 오늘도 쌀을 공부한다. 매일 아침 밥을 짓고, 밥을 씹으며, 밥맛의 결을 기억하려 한다. 내가 찾고 싶은 건 결국, 사람의 마음을 움직이는 밥 한 그릇이기 때문이다.

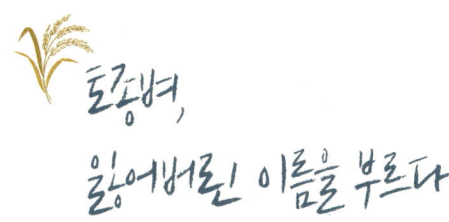
토종벼, 잃어버린 이름을 부르다

논에서 바람결에 일렁이는 벼 이삭의 물결을 바라볼 때, 나는 때로 그 안에 깃든 시간을 상상해 본다. 그 뿌리 깊은 기억 속에는 수천 가지 이름과 이야기를 품은 우리 땅의 토종벼가 있다. 흔히 쌀이라 하면 슈퍼마켓에서 흔히 볼 수 있는 고시히카리, 추청, 신동진 등의 이름이 먼저 떠오르지만, 그것은 그 방대한 세계의 극히 일부분일 뿐이다.

한반도 토종벼의 숨은 지도 •

1910년대 일제 강점기, 〈조선총독부〉는 한반도 전역에 흩어져 있던 벼 품종을 조사하는 작업을 실시했다. 당시 〈조선총독부〉에서 농업을 관장하던 부서인 권업모범장은 1911년과 1912년에 걸쳐 한반도 전역 13개도 329개 시군(市郡) 가운데 15개 군이 빠진 314개 시군에 위촉하여 논, 밭벼 재래종 3,830점을 수집하였다. 이때 수집한 재래종들을 시군별로 논 메벼와 논 찰벼, 밭 메벼와 밭 찰벼로 구분하여 수집된 주요 특성 정보와 함께 정리해 수록한 것이 『조선도품종일람(朝鮮稻品種一覽)』이다. 여기에는 논 메벼 876종, 논 찰벼 383종, 밭 메벼 117종, 밭 찰벼 75종 등 총 1,451종의 토종벼가 소개되어 있다.

> 논 메벼 2,437점, 논 찰벼 1,081점, 밭 메벼 208점, 밭 찰벼 104점.

> 메벼에서 나온 찰기가 적은 쌀이 멥쌀, 즉 우리가 흔히 먹는 일반 쌀이고, 찰벼에서 나온 쌀이 찹쌀이다.

> 현재 시중에 단행본으로도 출간되어 있다. 농촌진흥청 국립농업과학원 농업유전자원센터. 「조선도품종일람: 한반도 벼 재래종」. 서울: 진한엠앤비, 2022.

그렇다면 '토종벼'란 과연 무엇일까? 이 질문에 답하려면 먼저 '토종'의 의미부터 짚어야 한다. 〈농촌진흥청〉에서 2010년에 발표한 보고서인 『나는 토종이로소이다』에 따르면, 토종이란 우리 땅에서 자생하거나 오래전부터 재배되어 온 재래종을 아우르는 말이다. 특히 벼의 경우, 외래종이나 개량종이 아닌 우리 기후와 풍토에 맞추어 세월을 두고 자리 잡은 벼를 일반적으로 토종벼라 부른다. 물론 이는 학술적인 기준에 따라 구분된 용어는 아니다. 다만 오늘날 토종벼의 복원에 힘쓰고 있는 이근이 〈우보농장〉 대표는 한반도 벼 재배 역사에 기반한 고유의 지역성, 생태성, 문화성, 역사성을 가지고 있는 벼가 토종벼라고 정의 내린다.

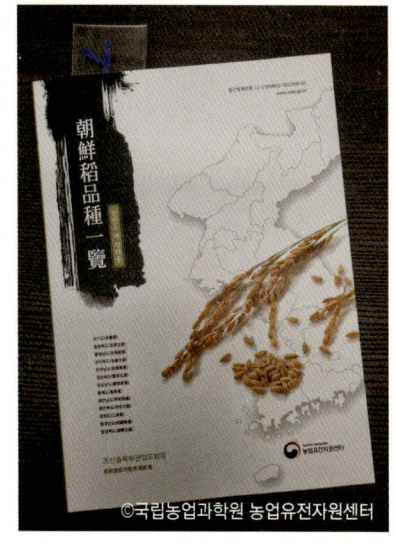
ⓒ국립농업과학원 농업유전자원센터

그러면, 여기서 그 특징을 좀 더 구체적으로 설명해 보자. 한국의 토종벼는 자연환경에 스스로 적응하고 뿌리를 내리는 과정에서 개량종에 비해 대체로 키가 크고, 벼 껍질에는 까락이라 불리는 수염이 있으며, 병충해에 강한 편이다. 이런 특징에 더해 무엇보다도 토종벼는 놀라운 생명력과 함께 고유의 다양성을 지닌다. 예컨대 노인의 흰 머리카락을 닮은 노인다다기, 불처럼 붉은색을 띠는 화도, 멧돼지의 털을 닮았다고 해서 멧돼지찰, 쌀알이 검은깨를 닮은 검은깨쌀벼, 분홍빛이 나고 소머리를 닮았다고 해서 쇠머리지장벼, 버드나무를 닮아서 버들벼, 보리를 닮아서 보리벼, 키가 작아서 졸장벼, 한가위 명절에 먹었던 가위찰 등등, 이름부터 생김새와 용도까지 각각의 사연과 개성을 지닌 품종들이 존재했다.

이름에 벼슬을 단 쌀, 조동지 •

그중에서도 빼놓을 수 없는 이야기가 하나 있다. 토종벼 중에서 일제 강점기에 장려 품종으로 지정되어 보급될 정도로 맛을 널리 인정받았던 품종인 '조동지'가 바로 그 주인공으로, 쌀 이름에 벼슬이 들어간 것이 이채롭다. 조동지는 당시 사람들 사이에서 "여주·이천 자체벼 조동지, 김포·통진 밀따리"라는 말이 구전될 정도로 그 명성이 자자했다.

조동지의 재배는 조중식(趙重植)이라는 인물이 경기도 여주로 귀농하여 농사를 짓게 된 데서부터 비롯된다. 그는 어느 날 논에서 자신이 심은 벼와는 다른, 유독 도드라지게 눈에 띄는 돌연변이 벼를 발견하게 된다. 호기심에 씨앗을 골라내 이듬해 옮겨 심어 수확했더니 까락이 없고, 빨리 잘 자라는 데다 수확량도 많았으며, 무엇보다 밥맛이 좋았다. 가공품을 만드는 데 안성맞춤인 볏짚은 덤이었다. 당연히 이 벼는 인기가 좋았고, 입소문이 퍼지자 점차 재배가 확대되어

여주, 이천 지역은 물론이거니와 임진강 이남의 경기도와 금강 이북의 충청도에까지 전파되었다. 그러자 농민들은 이 벼를 발견한 조중식에 대한 존경의 의미로 명예직 벼슬의 일종인 '동지(同知)'라는 단어를 쌀 이름에 붙여 부르게 되었고, 점차 벼의 품종명으로까지 굳어지게 되었다. 한양 조씨 조중식의 후손들은 지금도 경기도 여주시 금사면 전북리에 살고 있다. 언젠가 조동지가 세계 무형문화 유산으로 등재될 날도 올 수 있지 않을까 싶다.

그러나 우리는 왜 이처럼 소중한 자산을 잃어버렸을까? 그 배경에는 일제 강점기의 농업 정책이 있었다. 일본은 한반도를 식민지로 삼으며 조선의 자급자족 농업 체계를 붕괴시

키고, 자국의 필요에 맞춘 작물 중심으로 이 땅의 농업을 개편했다. 그 바람에 수확량이 많고 가공에 유리한 일본식 벼 품종이 토종벼를 빠르게 대체해 갔고, 광복 이후에도 개발 중심의 농정 속에서 토종벼는 설 자리를 잃게 되었다.

그뿐인가. 과거에는 지역마다 각자의 토종쌀로 전통주를 빚었다. 쌀이 다르면 누룩이 다르고, 물이 다르면 술맛도 다르다. 1910년 무렵 전국에는 37만 5,700여 개의 주막이 있었다고 하고, 그 주막 대부분이 지역 고유의 쌀로 전통주와 막걸리를 빚었는데, 그 지역의 논과 물, 손맛이 어우러져 각기 다채로운 개성을 뽐냈다고 한다. 실로 우리나라는 어마어마한 술의 나라였던 셈이다. 그런데 그 많던 가양주(家釀酒), 즉 집과 마을마다 술을 빚던 문화는 일제 강점기부터 산업화 시대를 거치며 토종쌀과 함께 점차 사라졌고, 그와 동시에 벼의 다양성과 술의 다양성도 그대로 뒤안길로 사라지게 되었다.

씨앗은 과거이자 미래다 •

그럼에도 반가운 소식 하나는, 오늘날 우리 주위에는 이러

한 토종벼들을 연구하고 보존하는 이들이 존재한다는 사실이다. 〈전국토종벼농부들〉이라는 모임에서는 해마다 농사를 시작하기 전에 '전국 토종벼 농부대회'를 열어 씨앗을 나누고, 토종쌀로 만든 술과 맥주, 아이스크림, 초콜릿, 약과, 조청 같은 다양한 가공품을 선보인다.

이 모임은 여주의 〈우보농장〉 이근이 대표가 좌장 역할을 하며 이끌고 있다. 그리고 지역별로 자연과 생태, 토종 농업을 지키는 농부들이 방방곡곡에 숨은 고수처럼 토종벼를 복원하고 지키는 수문장으로 활동하고 있다. 창원의 우봉희, 밀양의 김진한, 춘천의 박중구, 공주와 나주의 토종벼 농부들, 남해의 다랭이논를 경작하는 농부들이 대표적이다.

최근에는 이들이 주도하는 '토종쌀 내논갖기 운동'과 '108주모 프로젝트'도 시작되었다. 이는 토종쌀과 과거 수십

만 개에 달했던 주막 문화를 되살리자는 움직임이다. 이 프로젝트는 단순히 품종을 보존하는 데서 나아가, 우리의 식문화와 정체성, 공동체의 회복까지 지향한다.

토종벼와 쌀은 단지 과거의 유산이 아니다. 그것은 우리가 앞으로 걸어가야 할 길 위에 놓인 이정표. 다양성과 생태, 지속 가능성, 그리고 우리 고유의 미각과 문화를 품은 씨앗이다. 그래서 토종벼가 자라는 들판은 황금 들판이 아니라 무지개 들판이다. 지금 이 글을 읽는 당신도 올해 한 번쯤 토종쌀로 밥을 지어보길 바란다. 가공되지 않은 그 생명력 있는 쌀알이 밥솥에서 피어오를 때, 당신은 알게 될 것이다. 쌀이 아름다울 수도 있다는 사실을.

쌀, 너의 이름은?

쌀은 우리가 매일 접하면서도 잘 모르는 식재료 중 하나다. 우리는 그것을 '밥'이라 부르며 식탁 위에 올리지만, 그 밥알 하나하나가 가진 이야기에 귀 기울여 본 적은 얼마나 될까?

쌀의 이름은 세계 곳곳에서 다양하게 불린다. 대표적으로 영어로는 rice, 한자로는 미(米)라고 표기된다. 영어 단어 'rice'는 남인도 타밀어의 'arisi'가 그리스어 'oryza', 이탈리아어 'riso', 프랑스어 'riz', 중세 영어 'ris'로 변주를 거듭한 끝에 오늘날의 rice로 발전했다는 설이 유력하며, 이는 쌀이 아시아에서 유래된 작물임을 반영한다. 반면 한자의 '米'는 탈곡된 쌀알이 흩어지는 모습을 형상화한 상형문자다.

그렇다면 지구상에서 자라는 쌀의 종류는 얼마나 될까? 배달 플랫폼인 〈배달의 민족〉에서 창간한 잡지인 「매거진 F」 5호의 'RICE' 편에 의하면 현재까지 전 세계적으로 파악된 쌀 품종은 약 20,000종에 달한다고 한다. 그리고 이를 더 세분화해 분류하면 무려 10만여 종의 쌀이 존재한다는 추정도 있다. 이는 곧 우리가 마트나 시장에서 접하는 몇 가지 품종은 전체 중 아주 작은 일부에 지나지 않는다는 뜻이다.

맛의 시대, 쌀은 왜 조용한가 •

이 대목에서 짚고 넘어갈 점은, 커피나 와인, 위스키와 같은 식품에 있어서는 사람들의 취향과 미식 차원에서의 관심이 점점 세분화되고 있다는 것이다. 카페에서 커피 품종의 차이를 이야기하고, 바리스타가 추천하는 배전도에 따라 커피를 고르는 이들을 주변에서 만나는 건 흔한 일이 됐다.

"커피의 품종은 크게 아라비카와 로부스타, 두 종류가 있어. 우리가 카페에서 마시는 커피는 대부분 아라비카가 많고. 로부스타는 가격이 저렴해서 주로 인스턴트커피나 블렌드용으로 쓰이지."

"한때 세계에서 가장 비싼 커피로 인도네시아의 코피 루왁이란 커피가 꼽혔는데, 사향 고양이에게 커피 열매를 먹여서 그 배설물로 배출되는 커피 생두로 만든 거야. 왜 그렇게 비싸냐고? 사향 고양이가 일 년에 똥을 싸 봤자 얼마나 싸겠어, 안 그래?"

하는 식이다.

마찬가지로 와인과 위스키를 찾는 사람들이 늘어나면서 보틀숍도 많이 생겨났다. 사람들은 이제 스코틀랜드 위스키, 미국 버번위스키, 싱글 몰트, 블렌디드 위스키를 구분하게 되고, 로열 살루트, 글렌피딕, 카발란, 산토리니 위스키를 알게 되었다. '주락이월드', '주류학개론' 같은 위스키 전문 유튜브 채널을 구독하고, 강연과 시음회도 찾아다닌다. 서울 강남구 삼성동의 코엑스에서는 해마다 세계 맥주 박람회, 국제주류 & 와인 박람회도 열린다. 각 음료의 원산지, 향미, 숙성 방식까지도 소비자의 대화 주제가 되는 시대가 찾아온 것이다.

하지만 쌀은 어떠한가? 한국인은 쌀의 민족이라지만, 정작 쌀의 종류나 맛의 차이에 관해 이야기하는 일은 드물다. 2024년 〈농촌진흥청〉에 따르면 국내에서 재배되는 쌀 품종만 300여 종이 넘지만, 대중이 알고 있는 이름은 '신동진',

'삼광', '고시히카리' 등 손에 꼽을 정도다. 그 이유는 무엇일까?

우리가 몰랐던 쌀의 계보와 품종들•

쌀의 세계를 이해하려면 먼저 '계보'를 알아야 한다. 쌀은 크게 아시아 벼와 아프리카 벼로 분류할 수 있고, 아시아 벼는 다시 자포니카(Japonica), 인디카(Indica), 자바니카(Javanica)로 나뉜다. 자포니카는 우리가 일상에서 먹는 쌀알이 짧은 단립종 쌀로, 쌀알이 상대적으로 작고 찰기와 윤기가 좋아 한식에 잘 어울린다. 한국을 비롯해 일본, 중국 일부에서 주로 생산되고 소비된다. 인디카는 장립종 쌀로 흔히

안남미로도 불리며, 찰기가 덜 하고, 동남아시아와 남아시아, 아프리카, 중남미에서 주로 생산되고 소비된다. 세계적으로도 쌀 생산과 소비의 80~90%는 인디카 계열이다. 자바니카는 인도네시아 자바 지역을 중심으로 재배되며, 자포니카보다 더 크고 단단한 질감을 가지지만 워낙 소량 재배되기에 우리가 실제로 맛보기는 어렵다.

한국에서는 주로 재배하는 자포니카 계열 가운데에서도 지역을 대표하는 품종들이 따로 있다. 구체적으로 강원도는 오대, 경기는 참드림, 충청은 삼광, 전북은 신동진, 전남은 새청무, 경남은 영호진미, 경북은 일품 등이 있다. 그리고 저마다의 특징도 다르다. 오대는 쌀알이 작고 찰기가 좋으며, 대중적으로도 강원도를 대표하는 품종으로 널리 알려져 있다. 참드림은 삼광과 토종쌀인 조정도를 교배한 신품종으로, 일본 품종인 고시히카리와 우리나라에서는 추청이라 불리는 아키바레를 대체할 만한 품종으로 떠오르고 있다. 삼광은 우리나라에서 가장 생산량이 많은 품종으로, 찰기, 윤기, 단맛, 식감이 두루두루 좋아서 모든 음식과 잘 어울린다. 신동진은 전북의 오래된 대표 품종으로 쌀알이 1.2~1.3배 정도 크고 담백하며, 식감이 단단하다. 영호진미는 영남과 호남을 통틀어 가장 밥맛이 좋다는 의미가 담긴 품종이고, 일품은 이름 그대로 밥맛이 일품이라는 뜻이다.

이런 특징에 맞춰 쌀 품종에 따라 잘 어울리는 요리 궁합도 맞춰볼 수 있다. 삼광, 오대, 영호진미는 백반에 잘 어울리고, 신동진은 국밥, 볶음밥, 김밥에 적합하다. 골드퀸 3호는 구수한 누룽지 향이 있어 밥솥 요리에 좋고, 하이아미는 이유식이나 청소년들을 위한 식단에 추천할 만하다.

이름을 가진 밥상 •

그중에서 독보적인 프리미엄 쌀도 있다. 바로 '용의 눈동자'라는 브랜드로 판매되는 쌀이다. 이 쌀은 일본에서 개발된 '이노찌노이찌(いのちのいち)'라는 품종을 전라남도 해남

땅끝 마을에서 토착화해 재배한 것이다. 밥알이 상대적으로 큰 편으로, 일반적인 고시히카리보다 더 두껍고 탄력감이 있다. 바닷바람과 햇살이 어우러진 해남의 기후 덕분인지 밥을 지었을 때 밥알 속 단맛과 끈기가 다른 쌀들과 구별될 만큼 돋보이며, 쌀알이 반투명하고 쌀눈이 도드라져 보여 마치 용의 눈동자를 닮았다 하여 그렇게 이름이 붙여졌다고 한다.

재배 방식도 특별하다. 화학 비료나 농약 사용을 최소화하고, 대신 우렁이를 활용한 친환경 농법으로 재배된다. 수확 뒤에도 색, 크기, 품질 등 까다로운 선별 과정을 거쳐 살아남은 알곡들만 세상에 나온다. 그런 까닭에 가격이 비싸고, 유통량도 많지 않다. 그러나 바로 그 희소성이 이 쌀을 더욱 빛나게 한다. 더구나 백미로 도정을 해도 쌀눈이 고스란히 살아 있어 영양소를 풍부하게 섭취할 수 있다는 장점도 빼놓을 수 없다.

'용의 눈동자'의 아버지 격이라 할 수 있는 이노찌노이찌는 2000년 9월에 고시히카리 계통의 벼를 키우던 일본 기후현의 논에서 돌연변이 또는 자연변이 형태로 발견된 것으로 알려져 있다. 곧이어 2003년에 정식 품종으로 등록된 이후로 곡물 품질 평가 대회나 소비자 맛 평가에서 연달아 최고상을 휩쓸면서 단기간에 프리미엄 쌀의 대명사로 자리 잡게

되었다. 다만 이 품종은 환경 조건에 민감해, 토양과 기후가 맞지 않으면 기대한 품질을 내기가 어렵다. 그래서 일본에서도 생산량을 무리하게 늘리기보다는 엄격한 재배 지침과 선별 과정을 거쳐 소규모로 유통하는 전략을 택했다. 품질의 균일성을 지키는 것이 곧 이노치노이치의 가치를 유지하는 길이었기 때문이다.

아무튼 앞서 설명한 것처럼 한국에는 참으로 다양한 품종의 쌀이 재배되고, 포장지에 의무적으로 쌀 품종을 표기하는 제도까지 존재한다. 그런데도 일반 소비자들이 아는 쌀 이름은 손에 꼽을 정도로 적은 데에는 다 그만한 이유가 있다. 대부분의 쌀 유통 시스템이 공공 비축미 제도와 농협 수매에 의존하다 보니, 거기에 선정되기 유리한 품종들이 주로 재배되기 때문이다. 다시 말해 생산자나 지역 특성, 맛에 따른 품종 선택보다는 경제성과 수급의 편의성이 우선시되는 것이다. 게다가 소비자는 쌀 품종에 관한 관심이 상대적으로 부족하고, 그래서 포장지에 표기된 품종명을 굳이 확인하지 않는 경우도 허다하다. 생산 과정, 도정 기술, 보관 시설, 유통 과정 역시 아직 개선해야 할 부분이 많다.

쌀도 이제는 취향과 미식의 시대로 가야 한다. 그렇기 위해서는 쌀이, 또 밥이 재미있어야 한다. 정말 맛있는 밥을 경험하고, 쌀이 예술이 되는 체험을 하도록 해야 한다. 사람들이 쌀의 역사를 알게 되고, 품종을 구분할 수 있게 되며, 쌀 저마다의 개성에 관한 정보를 일일이 찾아보는 날을 떠올리는 건 상상만으로도 흐뭇하다. 커피나 와인, 위스키처럼 말이다.

그 첫걸음은 '쌀의 이름을 부르는 일'이다. 일단 쌀 포장지에 적힌 이름부터 유심히 들여다보길 권한다. 어떤 품종의 쌀인지, 어떤 지역에서 자랐는지, 어떤 농부가 길렀는지를 아는 일, 그것이 곧 밥상을 더 깊게 이해하는 방법이다.

이제, 당신에게 묻고 싶다. 오늘 당신이 먹은 밥은 어떤 이름의 쌀이었는가?

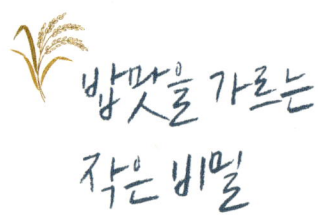
밥맛을 가르는
작은 비밀

 내가 미치도록 좋아하지만, 비싼 가격 때문에 어쩌다 기분 좋은 날, 아니면 반대로 '내가 무슨 부귀영화를 누리겠다고 이러고 사나' 싶을 때 한 번씩 사 먹는 한우에는 다들 알다시피 등급이 매겨져 있다. 대부분의 사람들은 마트에서 장을 보거나 누군가에게 한우를 선물해야 할 일이 있을 때 무엇보다 이 등급을 가장 먼저 따지게 된다.

 한우는 크게 고기의 맛을 기준으로 한 육질과 지방 대비 살코기의 비중을 기준으로 한 육량에 따라 등급이 나뉘는데, 그중에서 가장 좋은 등급으로는 누구나 한 번쯤 들어봤을 '투 플러스'가 있다. 흔히 '투뿔'이라는 명칭으로 더 익숙한 이 등급은 지방의 분포, 즉 마블링이 매우 풍부하고 육질이 뛰어난 고기에 플러스(+) 두 개가 매겨진다고 해서 그렇게 불리게 됐다. 당연히 그 아래에는 '원뿔', 즉 '원 플러스'가 있고, 그다음부터는 1등급부터 3등급까지 존재한다. 여기에 육량을 기준으로 한 A, B, C 등급이 있는데, 한우의 등급은 육질과 육량, 이 두 가지를 결합해 '1++A'와 같은 식으로 표기된다.

이렇게 한우라고 다 같은 한우가 아니라 그 안에 계급 차이가 존재한다는 건 모두가 알지만, 쌀에도 등급이 있다는 사실을 아는 이는 많지 않다. 따라서 쌀을 고를 때 꼼꼼히 등급을 따져보는 이들도 당연히 적다.

포장지 뒷면에 밥맛의 비밀이 •

사실 쌀도 한우처럼 평가 기준과 등급 체계를 갖고 있다. 2022년부터 시행된 양곡표시제에 따라 쌀을 포함한 곡물에는 품종, 생산지, 생산자, 생산 연도, 도정 일자, 단백질 함량, 등급 등이 의무적으로 표기된다. 그리고 이 중에서 가장 눈여겨봐야 할 것이 바로 '등급'이다.

쌀의 등급은 크게 특, 상, 보통, 등외, 이렇게 네 가지로 나눈다. 이는 쌀알이 얼마나 깨지지 않고 온전히 남아 있는지를 기준으로 정해지는데, 우선 깨지지 않고 완전한 쌀알을 가리키는 정상립의 비율이 96% 이상인 쌀이 특등급이다. 그다음으로 깨진 쌀이나 흔히 '싸래기'라는 방언으로 더 익숙한 싸라기 쌀 등을 제외한 완전미 비율이 85% 이상인 쌀은 상, 73% 이상은 보통, 그 이하는 등외가 된다. 일반적으로 시중에 가장 많이 유통되는 것은 상등급이며, 소비자가 관심만 있다면 특등급 쌀도 어렵지 않게 구입할 수 있다. 밥맛을 중요하게 생각하는 소비자들은 가능한 한 꼭 특등급을 찾아서 구매할 것을 추천한다. 단, 토종쌀처럼 소량으로 생산되거나 검사가 까다로워 개인 생산자가 직접 유통하는 경우 등급 판정을 받지 못한 채 '등외'로 분류돼 유통되기도 한다.

> 쌀알이 부스러진 것뿐만 아니라 벼가 덜 여물어서 방아를 찧었을 때 쌀알이 온전하지 못한 것까지 포함해 이렇게 부른다.

참고로, 보통의 소비자도 쌀의 외형만 잘 들여다보면 등급은 어느 정도 구분할 수 있다. 깨진 쌀알, 덜 여문 청치, 싸라기 쌀 등이 많다면 등급이 낮다. 실제로 쌀을 쟁반에 펼쳐놓고 살펴보면 쌀알의 크기, 색깔, 투명도, 파손 정도와 같은 다양한 정보를 얻을 수 있다. 투명하고 깨끗하며 균일한 쌀알이 많을수록

> 벼가 덜 여문 것을 수확하여 방아를 찧으면 쌀알이 푸른 빛깔을 띠기 때문에 청치라고 한다.

좋은 등급의 쌀이다.

좋은 쌀은 말이 많다 •

양곡 표시 사항을 확인할 때는 등급 외에도 품종, 생산 연도, 도정 일자를 함께 보아야 한다. 우리나라에서 유통되는 쌀 중에는 품종에 상관없이 단순하게 섞은 혼합미가 많은 게 현실인데, 아무래도 단일 품종의 쌀이 품질이 더 우수하다. 삼광, 신동진, 새청무, 영호진미와 같은 단일 품종 쌀은 각각 고유한 맛과 식감을 가지며, 앞서 얘기한 것처럼 요리와의 궁합도 다르다. 또한 유통 구조상 농협 브랜드나 지역 농가의 브랜드 쌀은 품종과 등급, 생산자 정보를 투명하게 표시하는 경우가 많아 신뢰도가 높다.

한편 사람들이 흔히 하는 착각으로, 쌀은 오래 두고 먹어도 괜찮다는 생각이 있다. 그러나 쌀도 신선식품이다. 요즘은 밥을 짓는 용도의 쌀로 묵은쌀이 잘 유통되지는 않는다. 그래도 혹시 모르니 쌀 포장지에 새겨진 생산 연도를 꼭 확인해 보길 바란다.

그리고 또 하나 놓치지 말아야 할 게 도정 일자다. 도정 일

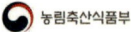

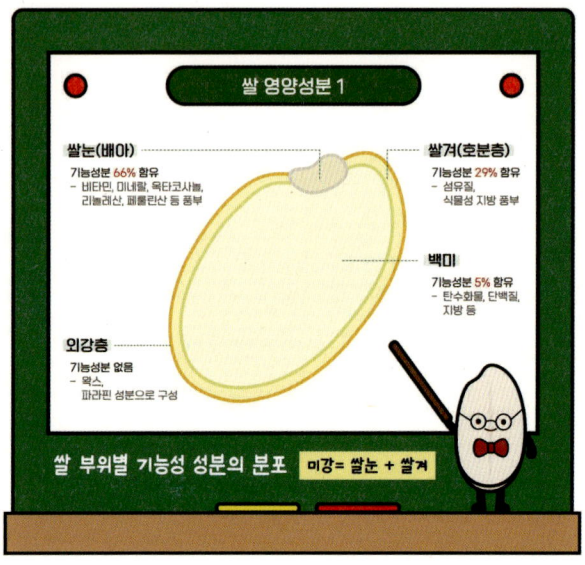

자는 쌀의 신선도를 판단하는 가장 중요한 정보 중 하나다. 수확 직후 도정된 쌀은 시간이 지날수록 산화되고 향미가 떨어진다. 일반적으로 도정한 지 2주일에서 한 달 이내의 쌀을 소비하는 것이 이상적이며, 특히 여름철과 장마철에는 높은 기온과 습도로 인해 곰팡이나 산패 위험이 있어 밀폐용기에 넣어 냉장고에 보관하는 것이 권장된다. 밖에다 보관하더라도 가급적 서늘하고 햇볕이 직접 들지 않는 곳에 두는 것이 좋다. 한 달 이상 장기 보관할 경우에는 산패를 방지하기 위해 진공 포장된 소포장 제품을 구매하는 것도 좋은 방법이다.

도정한 정도와 과정도 밥맛에 큰 영향을 미친다. 쌀은 원래 겉에서부터 왕겨층, 미강층, 전분층으로 구성되어 있는데, 도정이란 왕겨를 벗겨낸 현미에서 미강층을 제거하여 전분층으로만 구성된 백미로 만드는 공정을 말한다. 이때 쌀의 바깥 부분을 많이 깎아낼수록 탄수화물의 순도가 높아지지만, 동시에 쌀눈과 영양소는 줄어든다. 따라서 쌀을 얼마나 깎아내느냐, 즉 도정 정도가 어느 정도인가에 따라서 쌀의 특징과 밥맛은 조금씩 변하게 된다. 최근에는 영양을 위해 쌀눈을 일부 남긴 도정 방식을 택한 쌀이나 현미 상태로 소비하는 이들도 늘고 있다.

쌀의 도정 과정은 벼에서 이물질을 제거하는 정선과 돌을 걸러내는 석발, 왕겨층을 제거하는 제현, 현미 분리, 덜 여문 청치와 쭉정이 선별, 백미 도정, 싸라기 선별, 색채 선별, 계량 및 포장 등의 순으로 진행된다.

일본은 주로 현미로 유통되며, 이를 가지고 정미소에서 도정해 최종 소비 단계에서 백미로 판매되거나 분도 수에 따라 판매가 된다. 반면 우리나라는 주로 백미로 도정되어 유통, 판매되는 것이 특징이다.

쌀알 하나에 마음이 머문다면 •

쌀의 영양분은 대부분 바깥층에 집중되어 있다. 쌀 한 알 전체에서 미강에 포함된 영양분이 약 23%, 쌀눈에 67%, 백미층에 단 5%의 영양분이 존재하는 수준이다. 따라서 우리가 흔히 먹는 완전 백미는 쌀의 대부분 영양소를 제거한 상태라고 보면 된다.

쌀은 탄수화물뿐만 아니라 단백질, 지방, 미네랄 등 다양한 영양소를 포함하고 있어 이상적인 종합 영양식품으로 간주된다. 특히 단백질 함량은 쌀 품질을 평가하는 중요한 기준 중 하나로, 보통 단백질 함량이 낮을수록 밥맛이 좋다는 평가를 받는다. 이러한 단백질 함량은 낮은 정도에 따라 수, 우, 미로 표시된다.

쌀의 찰기는 전분을 구성하는 두 가지 주요 다당류 중 하나인 아밀로스 함량에 따라 결정된다. 아밀로스가 적을수록 쌀은 찰지고 쫀득해진다. 보통 멥쌀은 20% 미만, 반찰계는 10% 정도의 아밀로스를 포함하며, 찹쌀은 0%로 아밀로스와 짝을 이루는 아밀로펙틴이 거의 100% 정도 된다. 다시 말해 아주아주 찰지고 끈적한 밥이 되는 것이다. 아밀로스 함량은 양곡 표시사항에는 표기되지 않지만, 밥맛을 중요시하는 사람이라면 관심을 가져볼 만한 요소다.

 쌀에 관해 이 정도 알아봤으니, 이제 집에 있는 쌀 포장지를 한번 들여다보자. 그리고 쌀을 한 줌 손에 쥐어 가만히 시선을 고정해 보자. '얘는 좀 작고 투명하네', '이건 쌀알이 깨져 있구나', '어라, 얘는 가운데에 하얀 점 같은 게 있네'. 그런 관찰 속에서 쌀도 하나의 세계가 된다. 미묘한 차이를 알아보고, 내가 좋아하는 쌀을 찾아가는 여정. 그것이 바로 오늘날 우리가 밥을 통해 다시 연결해야 할 감각이다.

밥 한 그릇, 하루의 얼굴

밥 1인분의 양은 과연 얼마일까? 물론 사람마다 1인분의 양은 다르다. 법으로 정해진 바도 없다. 이렇게 표준은 없지만, 우리가 흔히 먹는 즉석밥 한 개의 중량은 210g, 쌀을 기준으로 환산하면 약 100g 정도다. 그럼 이 100g 안에 들어 있는 쌀알의 수는? 나도 궁금해서 직접 한번 세어 봤다. 삼광과 신동진 두 가지 품종을 비교해 봤는데, 삼광은 4,420알, 신동진은 3,420알 정도였다. 다 같은 쌀인데도 1,000알 정도의 큰 차이가 나서 깜짝 놀랐다. 그 정도로 품종에 따라 쌀알의 크기와 밀도가 다르다는 이야기다. 기회가 되면 여러분도 한번 100g의 쌀을 눈으로 보고 손으로 세어 보면 좋겠다. 쌀알의 모양도 알 수 있고, 좋은 쌀과 그렇지 못한 쌀의

차이, 깨진 쌀과 완전미가 나란히 보일 것이다.

밥맛은 디테일에서 완성된다 •

그렇다면 맛있는 밥을 짓기 위해 우리는 어떤 조건을 갖추어야 할까? 우선 쌀은 갓 도정한 것을 사용하는 것이 기본이다. 여기에 쌀 씻기, 물에 불리기, 끓이는 시간, 뜸 들이기, 밥 푸는 방법까지 밥맛을 좌우하는 디테일은 의외로 많다.

일본의 밥 소믈리에 교재에서는 맛있는 밥을 짓는 기술을 체계적으로 소개하고 있다. 우선 쌀을 씻을 때 처음 씻은 물은 빨리 버리는 것이 좋다. 쌀은 물을 빠르게 흡수하기 때문에 탁한 첫물의 냄새와 먼지를 쌀알이 품기 전에 바로 제거해야 한다. 이후 3~5회 정도 부드럽게 문지르며 씻으면 투명한 물이 나온다.

다음은 불리기. 백미는 최소 30분 이상 불리는 것이 좋다. 실험에 따르면 30분이면 수분이 쌀알 속으로 약 50~60% 정도 침투하고, 2시간 정도면 쌀알 중심까지 100% 가까이 수분이 완전히 스며든다. 현미는 표피의 지방 성분 때문에 수분 침투 속도가 느리므로 6~8시간 이상 불리는 것이 권장된다.

밥 짓는 시간은 냄비와 전기밥솥에 따라 다르다. 일반 냄비밥은 처음에는 강한 불로 15분, 그다음 중불에 10분, 약불로 뜸 들이기 10분을 기준으로 하면 된다. 냄비밥은 뚜껑이 밀폐되지 않은 상태에서 밥을 짓기 때문에 김이 계속 빠져서 고슬고슬한 밥이 될 가능성이 있다. 반면 압력밥솥은 김이 완전히 새어나가지 못하는 상태에서 내부 압력을 통해 높은 온도로 밥을 고르게 익히기 때문에 찰진 밥을 선호하는 이들에게 적합하다. 요즘 전기밥솥은 가마솥 원리를 구현한 내솥과 알고리즘을 탑재하고 있으며, 다양한 기능의 메뉴를 가지고 있어 백미, 현미, 찰진 밥, 고슬고슬한 밥, 잡곡밥 등을 쉽게 선택할 수 있다. 그뿐만 아니라 최근에는 품종에 따른 밥맛 최적화 기능을 지원하는 밥솥도 시중에 나와 있다. 예를 들어, '삼광 전용 모드'나 '신동진 전용 밥 짓기'와 같은 기능이 탑재된 밥솥도 있다.

떡진 밥의 슬픔과 즉석밥의 반격 •

반면 맛있는 밥을 방해하는 요소도 있다. 대표적인 하나가 식당의 온장고와 공깃밥이고, 다른 하나는 가정에서 사용하는 밥솥의 보온 기능이다. 온장고와 공깃밥은 기본적으로 지은 지 오래된 밥을 제공하는 시스템이다. 이미 몇 시간 전에 지어진 밥이 온장고에서 오래도록 보관되면 수분을 잃고 눅눅해진 경우가 많아서 떡진 밥을 먹게 될 확률이 높다. 갓 지은 밥의 윤기와 찰짐은 사라지고 밥맛은 뚝 떨어지는 것이다. 마찬가지로 가정에서도 밥솥의 보온 기능을 통해 10시간 이상 지난 밥을 무심코 먹는 경우가 많은데, 이는 밥맛의 신선함을 저해하는 가장 큰 원인이다.

해결책은 간단하다. 소량의 밥을 자주 짓는 것이다. 갓 지은 밥을 바로 퍼 주면 밥은 더 맛있어진다는 건 진리다. 그리고 많은 양의 쌀로 밥을 하면 밥이 눌리는 효과가 생겨서 아래쪽은 떡진 밥이 될 확률이 높다. 따라서 한 번에 2~4인분 정도씩 지어 바로 먹고, 남는 밥은 한 끼 분량으로 소분해 냉동 보관한 뒤 전자레인지로 데우면 밥맛 손실을 줄일 수 있다. 요즘은 밖에서 1인 솥밥 식당이 많아지고 있는 게 그나마 다행이다.

아, 그리고 최근에는 집에 밥솥을 두지 않고 즉석밥을 데워먹기만 한다는 사람들도 많다. 언뜻 인스턴트 음식처럼 여겨지기도 하지만, 즉석밥도 뛰어난 기술로 밥을 지은 상품이다. 그래서 개인적 평가이지만 80점 이상은 된다. 흔한 오해와 달리 대부분 첨가제나 방부제도 사용하지 않는다.

즉석밥은 우선 쌀을 고온에서 압력으로 조리하는 과정에서부터 출발한다. 이렇게 조리하면 쌀의 물 분자가 수증기로 변하면서 쌀알이 부드럽게 익게 된다. 그렇게 밥을 조리한 후에는 빠른 냉각과 저장 과정이 진행된다. 이러한 과정을 통해 밥의 신선함을 유지하고, 미생물의 번식을 억제하는 효과가 발생한다. 그러고는 자외선 살균을 거친 후에 진공 포장을 하게 되는데, 이는 즉석밥 내의 산소를 제거하고, 외부 공기를 차단하여 밥의 변질을 방지함으로써 긴 유통 기한을 확보하는 비결이다. 그 결과 오늘날 우리가 바쁜 일상에서 간편하게 식사를 즐길 수 있도록 해준 즉석밥은 백미뿐만 아

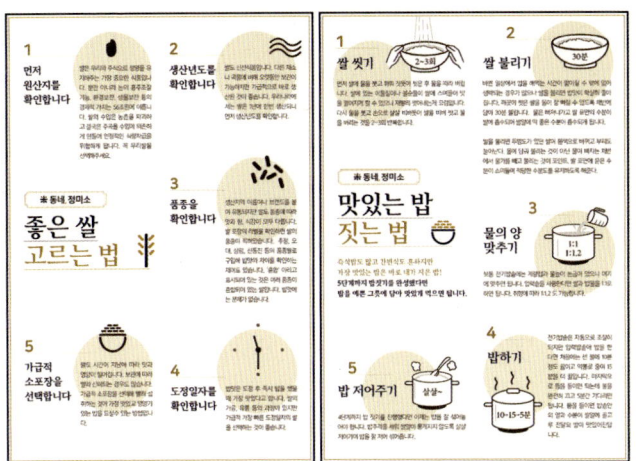

니라 현미밥, 잡곡밥, 품종별 즉석밥 등의 다양한 선택지를 제공하는 방향으로 계속 진화하는 중이다.

잘 지은 하루의 얼굴 •

다만 아무리 기술이 좋아도 '갓 지은 밥'의 감동을 완전히 대체할 수는 없다. 도정한 지 얼마 지나지 않은 좋은 쌀을 정성껏 씻고 불린 다음, 적절한 불 세기로 적정 시간에 지어 잠시 뜸을 들인 후, 결을 살려 밥을 푸는 행위까지. 밥은 단순한 요리가 아니라 정성과 리듬이 필요한 일이다.

맛있는 밥은 단지 품종 하나로 결정되지 않는다. 어떻게 도정되었는지, 얼마나 신선한지, 어떻게 저장되고 유통되었는지가 모두 복합적으로 작용한다. 그리고 무엇보다 누구와 함께, 어떤 상황에서 밥을 먹는지도 중요하다. 결국 쌀은 그저 곡물에만 머무르지 않고 문화이자 경험이며, 종합예술인 것이다.

그리고 그러한 쌀알 수천 개로 지어진 밥 한 공기는 더 이상 그저 배를 채우는 수단만이 아니다. 그 속에 깃든 시간과 기술, 손끝의 온기와 일상의 감각을 음미하는 일이다. 정성껏 씻고, 불리고, 지어낸 밥은 그 자체로 말이 없지만 모든 것을 말한다. 우리가 매일 마주하는 밥 한 그릇이 이렇게 깊고 섬세한 세계라면, 그 앞에서 잠시 천천히, 그리고 감사히 숟가락을 들게 된다.

맛있는 밥은 곧, 잘 지은 하루의 얼굴이다.

쌀로
다이어트가 가능하다?!

혈당, 혈압, 체중 관리는 건강에 관한 인류의 영원한 관심사다. 이 세 가지는 서로 밀접하게 연관되어 있어 하나에 이상이 생기면 나머지 두 가지도 영향을 받기 쉽다. 예를 들어, 체중이 늘어나면 혈당이 잘 조절되지 않아 당뇨 위험이 커지고, 혈관에 가해지는 압력도 증가해 혈압이 상승한다. 그래서 고혈압 치료를 위해 약물을 복용하게 되면 또 체중이 늘 수가 있고, 고혈압 자체가 신장 기능을 저하시켜 당 대사에 안 좋은 영향을 끼치게 된다. 한 마디로 설상가상인 셈이다.

또 최근에는 저속 노화도 건강 트렌드로 떠오르고 있다. 이를 위해 사람들은 규칙적인 운동을 하고, 영양제를 빼놓지 않는다. 무엇보다 저속 노화 식단이라고 해서 블루베리,

시금치, 브로콜리를 챙겨 먹고, 쌀밥 대신 채소와 과일, 생선, 올리브오일로 만든 지중해식 식단으로 갈아타는 사람들도 늘고 있다.

오해받는 주식, 밥

이 과정에서 종종 쌀밥은 '건강에 해로운 음식'이라는 오해를 받곤 한다. 물론 쌀밥, 특히 흰쌀밥을 자주 많이 먹으면 살이 찐다. 도정 과정에서 식이섬유와 비타민, 미네랄이 풍부한 껍질과 배아가 제거되기 때문에 소화 흡수가 빨라져 혈당도 급격히 끌어올린다. 흔히 말하는 혈당 스파이크다. 그래서 흰쌀밥은 무조건 건강에 나쁘다는 선입견이 많이 퍼져 있고, 다이어트 식단에서도 종종 배제되곤 한다.

그러나 쌀밥을 무조건 건강에 나쁘다고 보는 시각은 오해와 편견일 수 있다. 일본의 동양의학 전문가이자 식생활 연구가인 쓰지노 마사유키가 쓴 『쌀 다이어트(Rice Diet)』라는 책의 표지에는 이렇게 쓰여 있다. "당신의 다이어트에 부족한 건 '쌀'이다!"

이는 단순한 수사적 표현이 아니다. 1939년, 미국 듀크대

학의 월터 켐프너(Walter Kempner) 박사는 기존 약물로도 손쓸 수 없던 고혈압과 신장 질환 환자들에게 밥과 과일만으로 짠 식단을 제공하는 새로운 방법을 시도하였다. 결과는 놀라웠다. 환자들은 체중이 줄었을 뿐 아니라 혈압이 안정되고, 신장 기능까지 회복되었다. 기록에 따르면 546명의 남녀가 이 프로그램에 참여했고, 단 4주 만에 여성은 평균 8킬로그램, 남성은 13킬로그램이나 체중이 줄었다고 한다. 밥이야말로 치료이자 다이어트의 길이 될 수 있다는 사실을 이미 80여 년 전에 보여준 셈이다.

세월이 흘러 2012년, 라스베이거스에서 열린 국제 식품 과학 학회에서도 비슷한 이야기가 나왔다. 밥 한 그릇이 주는 든든함이 다이어트의 비밀이라는 것이다. 포만감이 오래가면 억지로 참지 않아도 자연스럽게 식사량이 줄고, 칼로리 섭취가 줄어든다. 중요한 것은 "버틸 수 있느냐"인데, 밥은 무리하지 않고 꾸준히 식단을 이어갈 수 있게 한다.

호주 시드니에서 진행된 실험도 흥미롭다. 연구자들은 비만 환자들을 두 그룹으로 나눴다. 한쪽에는 밥을 중심으로 한 한식 식단을, 다른 쪽에는 서양식을 제공했다. 일정 기간이 지난 후, 밥을 위주로 먹은 사람들의 체중과 허리둘레가 눈에 띄게 줄어 있었다. 따뜻한 밥과 반찬이 어우러진 밥상

이야말로 몸을 가볍게 하고 삶을 회복하는 길임을 보여주는 사례였다.

밥이 다이어트를 돕는 근거 •

최근의 국내외 연구도 이러한 결과를 뒷받침한다. 2022년 성균관대학교 강북삼성병원 강재헌 교수팀과 호주 왕립 프린스 알프레드 병원 이안 카터슨 교수팀은 체질량지수(BMI) 25~40 범위에 속하는 비만 성인 70명을 두 집단으로 나눠 3개월간 각각 다른 음식을 섭취하도록 하는 방식으로 연구를 진행했다. 한쪽은 하루 세 끼 가운데 두 끼를 밥·국·김치·반찬이 포함된 한식 도시락으로 먹게 했고, 다른 집단은 파스타·스테이크·샐러드 등 서양식을 섭취하게 했다. 그 결과 밥을 중심으로 한 한식 그룹은 허리둘레 감소와 장내 유익균 증가가 두드러졌으며, 당 대사 기능 개선 효과도 더 크게 나타났다고 한다.

2024년 11월 〈농협중앙회 미래전략연구소〉가 주최한 '제29회 농업인의 날 기념 심포지엄'에서도 같은 메시지가 강조되었다. 이 자리에서 발표를 맡은 강재헌 교수는 쌀밥이 탄

수화물뿐 아니라 단백질, 무기질, 비타민, 식이섬유를 모두 갖춘 완전식품이며, 다양한 음식과 함께 섭취하는 쌀 중심 식단이 성인병을 예방하는 균형 잡힌 식사라고 강조했다.

무엇보다 한국인은 밥이 입에 익은 주식이기 때문에 웬만해서는 물리지 않는다는 점도 다이어트 효과의 비결로 꼽을 수 있다. 보통 다이어트를 하다가 실패하는 이유 중 하나가 극단적인 식단을 시도하기 때문이다. 예를 들어서 하루 세 끼를 닭가슴살만 먹는다면 전문 보디빌더가 아닌 다음에야 대부분의 사람은 보름을 버티기가 힘들다. 어찌어찌 한 달을 버티더라도 '평생 어떻게 이러고 사나' 하면서 눈앞이 캄캄해지는, 이른바 '심리적 금단 현상'이 찾아온다. 반면 50년 넘게 하루 2끼 이상 밥을 먹고 살아온 나를 비롯한 우리 대부분은 평생 쌀밥을 먹을 생각에 암담함을 느끼지는 않는다.

밥 다이어트는 또 본인이 먹는 양을 조절하기가 좋다. 밥 한 공기와 반찬을 놓고 식사를 하다가 마지막 한두 숟갈 정도를 의식적으로 남기는 건 그리 대단한 결심이 필요한 일은 아니다. 가끔 "난 물만 먹어도 살찌는 체질이야"라고 말하는 이들을 보는데, 그건 사실이 아닐 확률이 높다. 밥 대신 초콜릿이나 과자같이 열량 높은 간식을 자주 먹든, 콜라를 입에 달고 살든, 운동과 아예 담을 쌓고 살든 간에 분명히 살을 찌우는 그 어떤 습관이 존재할 가능성이 크다. 많이 먹으면 살이 찌고, 적게 먹으면 살이 안 찌는 건 불변의 진리다.

다시 밥을 믿어도 좋다 •

이 대목에서 건강하게 밥을 섭취하는 팁을 한번 방출해 보자. 일본의 밥 소믈리에 교재에 따르면, 밥과 함께 콩, 우유, 카레를 섭취하면 혈당 지수(GI지수)를 낮출 수 있다. 식후 혈당이 천천히 오르도록 돕기 때문이다. 또, 밥을 식혀서 먹는 것도 비만 예방에 도움이 될 수 있다. 밥을 냉장해 보관하면 저항전분(resistant starch)이 늘어난다. 저항전분은 소화되지 않고 장으로 이동해 식이섬유처럼 작용하며, 칼로리 흡수 없이 포만감을 제공한다. 이는 냉장된 현미밥에서 특히 효과가 크다.

이와 관련해 최근 국내에서 개발된 '도담쌀'이라는 품종은 일반 쌀보다 10배 이상의 저항전분을 함유하고 있어 비만과 당뇨 예방에 효과적이라는 평가를 받는다. 이러한 기능성 쌀 품종은 앞으로 더 많은 가공식품, 건강식 메뉴로 발전될 가능성이 크다.

쌀밥이 건강을 해치는 주범이 아니라는 사실은, 우리가 쌀을 얼마나, 어떻게, 무엇과 함께 먹느냐에 따라 건강에 미치는 영향이 완전히 달라진다는 점에서 다시 확인된다. 몸이 쉽게 피로하고 살이 잘 찌는 체질이 되는 이유도 결국 '항상성'의 문제다. 항상성은 우리 몸이 조용히 지켜내는 균형의 언어다. 이 균형이 무너지면 영양은 온전히 순환하지 못하고, 장기와 기관은 제 역할을 다하지 못한다. 그렇게 몸의 리듬이 깨지면, 운동을 해도 에너지가 제대로 소모되지 않아 지방이 쉽게 쌓이고, 피로는 더 깊어진다. 따라서 건강한 대사와 균형을 유지하려면 밥을 피하는 대신, 오히려 쌀을 어떻게 먹을지 지혜롭게 선택하는 일이 필요하다.

쌀로 다이어트가 가능할까? 물론이다. 단, 핵심은 '중용'이다. 인생에서도, 식단에서도 지나침은 부족함만 못하다. 밥은 조절할 수 있다. 반 공기부터 시작하라. 쌀을 먹는다는 것은 결국 우리 몸의 리듬을 되찾는 일이며, 쌀밥은 여전히 우리를 가장 안정적으로 채워주는 식사라는 점을 잊지 말자.

나는
작디작은 논의 농부입니다

    2025년 1월, 라오스로 쌀 투어를 다녀온 적이 있다. 그곳에서 보고 들은 여러 가지 중에서 가장 인상적인 경험은 '리빙 팜(Living Farm)' 쌀 체험 프로그램이었다(4부 6장 참조). 볍씨 파종부터 물소를 이용해 논 갈기, 모심기, 낫으로 수확하기, 타작, 도정, 밥 짓기와 시식에 이르기까지 그야말로 벼의 일생 전체를 보고 경험할 수 있게 해주는 자전적 드라마 같은 프로그램이었다. 물론 한국에도 한 평 논 갖기나 모내기와 벼 수확 체험 프로그램 같은 것들이 있지만, 이 정도로 전 과정을 아우르는 프로그램은 드물다.

쌀의 일생을 만나는 시간 •

상당수 사람들이 도시에서 나고 자라는 오늘날에는 논이나 벼를 볼 기회가 거의 없기에, 쌀이 나무에서 열린다고 생각하는 이들도 있다. 실제로 대학 시절 농활 가서 부르던 노래 가사에도 "쌀 나무도 알고 있는 슬기로운 머리로…"라는 구절이 있었다. 밥상 위에 오른 하얀 쌀밥이 사과나 귤처럼 느껴질 수 있는 세상, 하지만 우리에게 쌀은 수많은 농작물과 채소 가운데 하나 그 이상의 의미가 있다.

벼는 외떡잎식물로 일 년에 한 번 재배되는 한해살이 작

> 3모작은 다른 작물을 번갈아 세 번 심는 것이고, 3기작은 오로지 쌀만 일 년에 세 번 심는 것이다.

물이다. 동남아처럼 기후가 따뜻한 지역에서는 벼를 일 년에 세 번 수확하는 3기작이 가능하지만, 우리나라는 일 년에 딱 한 번의 수확만 가능하다. 이렇듯 귀한 작물인 벼는 생명력도 뛰어나다. 볍씨 상태에서뿐만 아니라 벼에서 껍질만 제거하고 쌀겨와 배아를 그대로 남긴 상태의 쌀을 일컫는 현미 상태에서도 도정과 보관만 잘 되면 다시 심었을 때 싹이 틀 확률이 높다.

쌀은 그 자체로 벼에서 얻는 하나의 곡물이기도 하지만, 넓은 의미로는 주식이 되는 곡물을 아우르는 의미로도 사용된다. 보리쌀, 통밀쌀, 잡곡쌀처럼 다른 곡물에 '쌀'이 붙는 이유도 여기에 있다. 영어의 'rice'라는 단어 역시도 단순히 하나의 곡물로서의 쌀을 가리키는 데서 출발해 오늘날은 익

ⓒ한식진흥원

힌 밥까지 포함하는 넓은 의미로 확장되었다.

요즘은 벼를 논에서가 아니라 집이나 사무실에서 키우는 사람도 하나둘씩 생겨나고 있다. 다름 아닌 내가 그 산증인이다. 나는 해마다 캔에다가 토종벼를 키운다. 반려자, 반려견, 반려묘, 반려 식물, 반려 인형에 이르기까지 이른바 '반려의 시대'에 나는 일종의 '반려벼'를 키우는 셈이다.

나는 작디작은 논의 농부입니다 •

일단 캔을 작은 논이라 생각하고 흙을 담는다. 그리고 그 위에 볍씨를 뿌리고 흙을 덮어준다. 그런 다음 햇볕이 좋고 바람이 잘 통하는 곳에 놔둔다. 적당한 온도와 수분만 유지하면 발아하고, 뿌리 내리고, 싹이 트며 벼는 자란다. 물론 캔은 아주아주 작은 '논'이기 때문에 이삼일에 한 번씩 물을 자주 공급해 주어야 한다. 이 캔은 작고 가벼워서 이동도 편리하고, 실내외 어디서나 벼가 자라는 것을 관찰할 수 있다. 시간이 흘러 가을이 되면 벼꽃도 볼 수 있다. 벼꽃이 피고 이삭이 패는 출수기 이후 45일 이상이 경과하면 벼를 수확할 수 있게 된다. 나도 그렇게 토종벼 농부가 된다.

멀리 논을 찾기 어려운 이들을 위해 집이나 사무실에서 반려벼 키우기를 추천한다. 특히 토종벼 씨앗을 구해서 키우면 더 다양한 생태적 특징을 경험할 수 있다. 볍씨를 바로 뿌리는 직파 방식도 좋고, 발아 후 옮겨 심는 방법도 가능하다. 아이들에게는 교육적인 경험, 어른들에게는 힐링의 시간이 될 것이다.

이 같은 취지에서 〈동네정미소〉는 앞으로 토종벼와 토종콩을 직접 재배할 수 있는 키트를 제작하고, 재배 방법을 설명한 매뉴얼을 곁들여 벼의 성장 과정에 맞춘 교육 프로그램을 운영할 계획이다. 이를 영상 콘텐츠로도 만들어 아이들에게 생태적 체험과 문화적 소비를 경험하게 하면 그보다 더 뿌듯할 수는 없을 것 같다.

이런 생각을 하는 건 비단 나뿐만은 아니다. 일례로 앞서 언급한 적 있는 이근이 대표의 〈우보농장〉은 '토종쌀 내 논 갖기' 프로그램을 진행하고 있다. 참가자는 일 년에 네 번 농사에 직접 참여하고, 자신이 재배한 토종쌀을 받는다. 미슐랭 식당 요리팀이나 외국 관광객, 특히 스페인 몬드라곤 대학생들도 참여해 손 모내기와 벼 베기를 직접 체험하면서 토종벼와 그걸 키우는 농부들을 응원하고, 생태와 미식을 함께 경험한다.

이제 학교에서, 직장에서, 집에서 반려벼를 키워보는 문화가 생겨났으면 좋겠다. 반려벼, 뭐가 이상한가? 오히려 아름답고, 교육적이고, 생태적인 존재일 따름이다.

2부

쌀,
변신의 미학

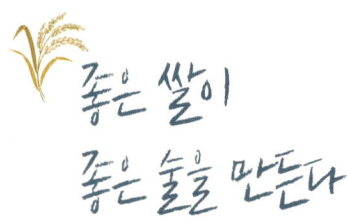
좋은 쌀이
좋은 술을 만든다

언젠가 몹시도 추운 겨울밤, 따스한 방바닥에 드러누워 『나츠코의 술』이라는 일본 만화책을 뒤적거린 적이 있다. 책에서는 전설의 쌀 '다츠니시키'를 복원하려는 시도가 중요하게 다뤄진다. 이 쌀은 실제로 존재하는 품종인 카메노오(亀の尾)를 모델로 한 가상의 쌀이다. 그리고 만화에 등장하는 양조장은 역시나 니가타현 나가오카시(長岡市)에 실재하는 구스미 주조(久須美酒造)라는 주조회사가 모델이다.

이 작품은 좋은 쌀이 음양주, 즉 좋은 술을 만든다는 철학이 이야기 전반에 깔려 있다. 사케 양조장에 얽힌 이야기뿐만 아니라 벼농사, 유기농, 도정기, 누룩 등 쌀과 술에 관한 거의 모든 것을 담은 교과서와도 같은 만화책이다. 작가인

오제 아키라(尾瀬 あきら)는 '나츠코의 술' 시리즈를 통해 생태적이고 친환경적인 시선을 담아내며, 일본 사케(니혼슈)의 깊은 세계를 따뜻하게 풀어낸다.

눈과 물이 빚어낸 사케의 요람•

니가타는 쌀과 눈의 고장이다. 좋은 쌀과 깨끗한 물이 어우러진 이 지역은 그래서 '사케의 나라' 일본에서도 유독 좋은 사케가 생산되기로 유명하다. 이곳에서는 해마다 수많은 양조장이 참여하는 대규모 사케 축제 '사케노진(酒の陣)'이 열린다. 핫카이산, 이마요츠카사 같은 유명 양조장 투어도 활발하게 운영되며, 이를 통해 "좋은 쌀이 좋은 술을 만든다"라는 말을 다시 한번 실감하게 만든다. 덧붙이자면, 일본에서는 오직 사케만을 위한 전용 쌀이 따로 재배된다.

니가타에는 사케 전문 체험관 〈폰슈칸(ぽんしゅ館)〉도 있다. 500엔을 내면 코인 다섯 개를 받아 100여 종이 넘는 사케 가운데 골라서 시음할 수 있다. 니가타현에 위치한 주요 역 세 곳에 이 시설이 분포해 있는데, 에치고유자와역, 나가오카역, 니가타역이 그곳이다. 특히 에치고유자와역 지점에

서는 '사케 목욕'도 체험할 수 있다. 단순한 시음을 넘어, 쌀로 만든 사케를 다양하게 체험하는 니가타만의 특별한 공간이다.

한국에서도 유명한 일본 사케 '닷사이 23'은 쌀의 77%를 깎아 내고, 단 23%의 속쌀로 술을 빚는다. 이는 정제된 좋은 쌀만을 사용하는 고급 사케라는 상징이다. 일본 사케에는 '정미보합(精米步合)', 즉 정미율이라는 개념이 있다. 쌀을 깎고 남은 비율을 가리키는 것으로, 수치가 낮을수록 더 정제된 쌀을 사용했다는 의미다. 쌀의 겉면에는 지방질과 단백질이 많아 잡미를 유발할 수 있기 때문에, 고급 사케일수록 쌀 중심부의 전분질만 남기기 위해 겉면을 많이 깎아 낸다. 다시 말해 정미율을 낮추는 것이다.

쌀 속에 숨은 향의 비밀, 정미보합 •

일반적으로 정미보합 50% 이하의 사케를 다이긴조(大吟釀) 또는 준마이 다이긴조(純米大吟釀)라고 부르며, 이는 가장 최고급 사케로 분류된다. 그다음으로 긴조(吟釀) 혹은 준마이 긴조(純米吟釀)는 정미보합 60% 이하의 술로, 과일이나

꽃향기가 나는 경우가 많아 섬세하고 깔끔하다. 혼죠조(本釀造)는 정미보합 70% 이하로 양조 알코올을 소량 첨가하여 가볍고 부드러운 목 넘김이 특징이며, 준마이(純米)는 정미보합에 특별한 규제가 없이 쌀과 누룩만으로 빚은 사케를 의미한다. 최근에는 정미보합 5%의 사케까지 등장했다. 이는 사케 양조 기술의 정점을 이루는, 그야말로 장인의 집념이 녹아 있는 초프리미엄 사케라고 할 수 있다.

이에 뒤질세라 한국에서도 '경주법주 21'이라는 프리미엄 청주가 출시됐다. 이름 그대로 쌀의 79%를 깎아내고 21%의 속쌀만을 이용한 술이다. 시중에서 판매되는 쌀로 만든 일반 청주가 쌀 향과 텁텁한 느낌이 있다면, 경주법주 21은 과일 향과 깔끔함이 매력적이어서 와인을 마시는 듯한 착각까지 들게 한다. 언젠가 꼭 경주법주 양조장을 찾아가 쌀을 도정하고 술을 발효하는 과정을 직접 지켜보고 싶다. 술은 마시는 것뿐 아니라 만드는 경험 자체도 감동이기 때문이다.

우리 민족은 원래 술의 민족이라 해도 손색이 없다. 고려 말과 조선 초의 문인이었던 목은 이색은 소주에 대한 사랑이 남달랐다. 그는 「목은시고」라는 시에서 소주를 '아랄길'이라 부르며, 소주 한 모금에 온몸이 따뜻해지는 감각을 "반 잔 술 겨우 넘기자마자 훈기가 뼛속까지 퍼지니, 표범 가죽 보료 위에 금병풍을 두르고 기댄 기분"이라고 표현하기도 했다. 그를 비롯해 고려의 이규보, 조선의 정철 등 우리 선조들 가운데는 술을 예찬하는 시를 남긴 훌륭한 주당들이 많이 계셨다.

술은 종교와도 밀접하다. 기독교에서 빵과 포도주는 그리스도의 몸과 피를 상징한다. 꿀술과 전통 맥주인 세르부아즈를 마신 게르만족과 켈트족, 옥수수 발효주인 치차와 풀케를 마신 아메리카 선주민들, 아프리카와 동남아시아의 제삿술인 곡물 맥주, 베다 종교의 소마, 중앙아시아의 마유주, 마사이족의 의례용 맥주까지. 술은 인류가 신에게 바치는 공물이자, 믿음과 의식의 상징이었다. 이와 마찬가지로 한국의 유교 제사와 무속신앙에서도 술은 늘 곁에 있었다.

되살아나는 전통주의 숨결 •

그러나 오늘날 우리가 흔히 접하는 막걸리, 약주, 소주 중에 쌀을 중심에 둔 한국 전통주는 아직 많지 않다. 소비자와 전문가들이 더 관심을 가진다면, 그만큼 더 좋은 술이 나올 가능성도 높아질 것이다. 그런 의미에서 어려운 여건 속에서도 의미 있는 술을 만들기 위해 고군분투하는 양조장 세 곳을 소개하고자 한다.

경기도 양평의 〈양수리 양조장〉은 끊임없이 전통주와 토종쌀의 만남을 시도하고 있다. 밀다리쌀과 자광도 같은 토종쌀이 주조용 쌀로 사용되었다는 과거의 기록을 바탕으로 꾸준히 토종쌀과 전통주의 복원과 재해석을 위해 노력하고 있다. 부산의 〈꿀꺽하우스〉는 지역 쌀을 기반으로 개성 있는 현대식 발효주를 만들어 가고 있다. 〈하얀술〉은 24시간 만에 발효가 완성되는 쌀 품종별 커스텀 막걸리 파우더를 만들어 해외 수출을 시도하며 막걸리의 새로운 길을 개척 중이다. 나의 취향에 맞는 술을 사 먹는 시대에서 이제 나만의 술을 직접 만드는 시대가 오고 있다.

〈동네정미소〉가 토종쌀 막걸리 파우더인 '한양조 화이트 & 레드'를 선보인 것도 어디까지나 토종쌀을 널리 알리고, 누구나 손쉽게 술을 빚는 경험을 해보기를 바라는 마음에서였다. 술을 직접 만들어본 사람은 술을 더 잘 이해하는 술꾼이 되고, 그런 술꾼들이 또 좋은 술을 만들게 한다

쌀이 술이 되고, 술이 이야기가 되고, 이야기가 다시 쌀로 돌아온다. 그것이 우리가 술을 말하는 이유다.

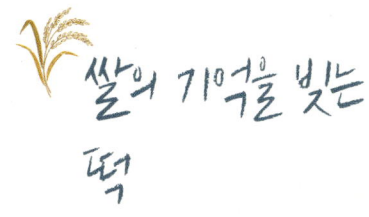

쌀의 기억을 빚는 떡

일상의 의례를 잇는 한 조각 •

"미운 놈 떡 하나 더 준다." "누워서 떡 먹기." "보기 좋은 떡이 먹기도 좋다." 이는 모두 떡과 관련해 전해져 내려오는 우리 속담들이다. 이렇게 떡과 관련된 속담만 봐도 떡이 우리 삶 속에서 얼마나 오랫동안 가까이 있었는지를 짐작할 수 있다. 새해 아침이면 떡국을 먹고, 추석에는 송편을 빚으며, 돌잔치, 혼례, 제사에도 빠지지 않는 음식이 떡이다. 그 종류만 해도 송편, 절편, 가래떡, 찹쌀떡, 시루떡, 인절미, 백설기까지 이루 헤아릴 수 없다.

사전에서는 떡을 "곡물가루(주로 쌀가루, 때로는 밀가루나 다른 곡물가루)를 찌거나 삶거나 지져서 만든 한국 전통 음식"이라 정의한다. 조리법이나 재료에 따라 모양도 맛도 천차만별이지만, 떡의 중심에는 언제나 쌀이 있다. 그러고 보면 한국인이 가장 사랑하는 길거리 음식이자 대표적인 소울푸드인 떡볶이에서도 쌀은 한몫을 단단히 거든다. 물론 탕수육에서의 부먹파와 찍먹파 간 논쟁과 더불어, 떡볶이에서의 밀떡파와 쌀떡파 사이의 논쟁은 국가가 나서도 해결할 수 없는 난제이긴 하지만 말이다.

쌀이 빚은 네 가지 풍경 •

떡의 주재료인 쌀가루 중에는 멥쌀가루와 찹쌀가루가 떡을 만드는 데 가장 흔하게 사용된다. 멥쌀가루는 쫄깃하면서도 단단한 식감을 주고, 찹쌀가루는 특유의 찰기와 부드러움으로 사랑받는다. 여기에 보리, 조, 수수, 밀과 같은 갖가지 곡물을 섞기도 한다.

떡은 만드는 방식에 따라 크게 네 가지로 나눌 수 있다. 먼저 찌는 떡인 증병은 가장 일반적인 떡 제조법이다. 쌀가루를 시루나 찜기에서 찌는 방식으로, 백설기, 시루떡, 송편, 인절미가 여기에 해당한다. 치는 떡인 도병은 찐 찹쌀이나 멥쌀을 절구나 기계로 쳐서 만든 것으로, 찰기가 강하고 쫀득한 식감이 특징이다. 가래떡이나 인절미가 대표적인데, 인절미는 찹쌀가루를 먼저 쪄낸 뒤 치는 과정을 거쳐 완성되므로 증병이면서 동시에 도병에 속하지만, 일반적으로는 도병으로 분류된다. 지지는 떡인 전병은 찹쌀가루나 멥쌀가루를 반죽하여 기름에 지져 만드는 떡이다. 화전, 부꾸미 등이 여기에 해당한다. 삶는 떡인 탕병은 경단이나 새알심처럼 쌀가루 반죽을 끓는 물에 삶아서 만든다.

떡은 그냥 전통 음식이 아니다. 한 조각의 떡 안에는 단순한 탄수화물 이상의 풍경이 담겨 있다. 흙의 기억, 계절의 숨결, 농부의 손길과 사람의 정성이 한데 녹아 있다. 떡을 입에 넣는 순간, 우리는 단순히 음식을 먹는 것이 아니라 쌀이 걸어온 시간과 마주하게 된다.

논의 숨결이 닿은 떡

쌀을 제대로 알면 떡도 달라진다. 멥쌀은 아밀로스를 15~20% 정도 포함해 찰기가 적고, 깔끔한 식감을 선사한다.

백설기나 절편, 떡국떡은 이런 멥쌀의 특성을 잘 살린 예다. 반면 찹쌀은 아밀로펙틴이 거의 100%에 가까워 쫀득쫀득한 질감을 내며, 인절미나 찹쌀떡에 어울린다. 또한 두 쌀을 섞으면 전혀 예상치 못한 식감과 맛의 조화를 만들어내기도 한다. 그래서 전통과 새로운 발견 사이에서 떡의 세계는 여전히 진화 중이다.

다만 떡은 금세 굳는다. 특히 멥쌀로 만든 떡은 공기 중에

두면 빠르게 노화되어 딱딱해진다. 이는 쌀 전분이 가진 물리적 특성 때문이다. 하지만 요즘은 떡 보관과 해동 기술도 발전해, 떡을 만든 직후 냉동 보관했다가 먹을 때 해동하면 처음의 식감을 거의 그대로 되살릴 수 있다. 더 나아가 한 번 냉장했던 떡을 상온에서 천천히 해동하면 저항전분이 형성되는데, 이 전분은 체내에서 소화되지 않고 장까지 도달해 포만감을 높이고 혈당 상승을 억제하는 건강 효과까지 기대할 수 있다.

예전엔 떡이 특별한 날에만 먹을 수 있는 귀한 음식이었다. 생일, 돌잔치, 명절, 혼례, 제사… 삶의 전환점마다 떡은 우리와 함께했다. "떡 하나 주면 안 잡아먹지"라는 동화 속 대사에서조차 떡은 별미였고, 보상이자 유혹이었다. 귀했기에 나눴고, 나눴기에 더 의미 있었다. 그러나 지금 우리는 마음만 먹으면 매일 떡을 먹을 수 있는 시대에 살고 있다.

한 조각에 담긴 시간과 손길의 무게・

이 변화는 단지 유통 시스템의 발달 때문만은 아니다. 현대인들은 쌀을 '밥'이 아닌 다양한 방식으로 소비한다. 떡은 물론이고, 쌀빵, 쌀국수, 쌀로 만든 시리얼까지 그 쓰임은 확장 중이다. 이제 쌀은 더 이상 식탁 위의 주식이 아니라 라이프스타일을 반영하는 식문화의 중심으로 거듭나고 있다.

쌀의 이런 확장은 지역성과 정체성의 문제로도 이어진다. 이를 누구보다 진지하게 고민하는 사람이 있다. 나와 함께 밥 소믈리에 시험을 준비했던 〈바오담〉의 박성용 대표가 그 주인공으로, 그는 지역의 토종쌀과 한식 디저트를 연결하려는 시도를 멈추지 않는다. 그가 운영하는 〈바오담〉은 프리미엄 한식 디저트 전문 브랜드로서 고품질의 전통 떡과 한과를 현대적 감성과 세련된 디자인으로 재해석해 제공한다. '바오담'이라는 브랜드명은 '보기 좋게'라는 뜻의 순우리말 '바오'와 '담다'를 결합한 표현이다. "보기 좋은 떡이 먹기도 좋다"는 속담을 현대적으로 풀어낸 셈이다.

그는 강화도의 매화마름쌀로 막걸리 파우더를 만들고, 창원의 주나미쌀과 〈우보농장〉의 자광도로 대보름 잡곡 상품을 개발했다. 강화도 길상면 초지리 일대의 논은 멸종위기 야생식물 2급인 매화마름이 자생하는 생태의 보고이자, 람사르 협약에 따라 보호되는 귀중한 습지다. 매화마름쌀은 바로 이 땅에서 무농약으로 재

> 람사르 협약(Ramsar Convention)은 습지 보전과 현명한 이용을 목표로 1971년 이란 람사르에서 체결된 국제협약이다. 대한민국은 1997년에 가입하여 대암산 용늪과 우포늪 등을 람사르 습지로 등록했다.

배된다. 그리고 이곳에서 자라는 쌀을 활용한 떡은 단순한 음식을 넘어 지역 생태와 연결된 이야기이자, 생명을 품은 메시지다. 박 대표는 말한다. "이 쌀을 알려야겠고, 이 논을 알려야겠다고 늘 생각합니다."

우리는 종종 오래 묵은 쌀은 떡이나 해야 한다는 편견이 있다. 물론 묵은쌀로 떡을 빚는 것도 괜찮은 활용법이긴 하다. 하지만 근본적으로 떡은 어떤 쌀로 만드느냐에 따라 다양한 맛과 새로운 의미가 창조된다. 그렇기에 우리는 '이 떡은 어떤 쌀로 만들었을까?'라는 질문을 던져야 한다. 쌀은 단순히 '묵은쌀'이나 '햅쌀'로만 나뉘는 것이 아니다. 어떤 논에서 자랐는지, 어떤 품종인지, 누가 키웠고, 어떤 철학으로 떡이 빚어졌는지를 알면 우리는 떡을 더 깊이 있게 경험할 수 있다.

무언가를 먹는다는 것은 곧 기억하는 일이기도 하다. 이 한 조각의 떡이 지나온 시간과 손길의 무게를 떠올리는 순간, 우리 식탁은 하나의 박물관이 될 수도 있다.

쌀빵,
시간을 굽다

인류가 농경으로 재배한 곡물을 익혀 먹기 시작하면서 밥과 떡, 면과 빵이 탄생했다. 특히 가장 오래된 조리법 중 하나인 '빵'은 원시적이고도 보편적인 음식이다. 그리고 오늘날, 그 빵과 쌀을 결합한 '쌀빵'이 아주 오래된 미래를 향해 걸어가고 있다.

아주 오래된 미래를 굽다

예수와 열두 제자가 함께한 최후의 만찬은 유대교 명절인 유월절(Passover) 식사의 전통에 따라 차려졌을 가능성이 높

다. 누룩을 넣지 않은 빵인 무교병, 포도주, 어린 양고기 같은 음식들이 그날의 식탁에 올랐을 것이다. 화가 레오나르도 다 빈치가 그린 「최후의 만찬」에는 빵과 포도주 외에 생선과 오렌지 슬라이스 같은 음식도 묘사되어 있는데, 이는 당시 이탈리아 식문화를 반영하거나 상징적인 의미를 강조하기 위해 추가한 것일 수 있다. 그러나 성경이 명확히 말해주는 것은, 그 식탁에 빵과 포도주가 있었고, 그것이 곧 예수의 몸과 피를 상징했다는 점이다. 따라서 빵은 단순한 음식이 아니라 믿음과 존재, 그리고 공동체를 구성하는 매개였다. 인간에게 빵은 곧 삶의 근본이었다.

프랑스의 왕비 마리 앙투아네트가 했다는 "빵이 없으면

케이크를 먹게 하라"라는 유명한 말도, 실제 발언의 진위 여부와 관계없이 빵이라는 것이 얼마나 본능적 욕망과 생존에 가까운지를 단적으로 보여준다. 굶주린 민중과 사치스러운 권력자의 대비, 그것이 상징하는 위선은 결국 '빵의 부재'에서 출발했으니 말이다.

앞서 말했듯이, 인류는 곡물을 익히는 법을 터득하면서 밥을 짓고, 떡을 빚고, 면을 뽑고, 빵을 구웠다. 이렇게 만드는 방식은 달라도, 그 본질은 한결같다. 곡물은 인간을 먹이고, 인간은 곡물을 기억했다. 한국은 쌀로 지은 밥을 주식으로 삼아온 농경문화를 가진 사회다. 하지만 현대인의 식생활은 점차 다변화되고 있다. 주말 아침, 식탁에는 따뜻한 밥 대신 샐러드와 크루아상, 주스, 커피가 놓인다. 아침 출근길에는 식사 대용으로 토스트나 샌드위치를 들고 나선다. 밥이 곧 정체성이라던 시대에서, 이제는 쌀도 빵이라는 이름으로 옷을 갈아입는다.

고대 볍씨가 부른 오늘의 빵집 •

그러나 빵은 늘 공격의 대상이 되기도 했다. 밀가루가 글루텐이라는 성분을 포함하고 있어 소화 불량이나 알레르기를 유발할 수 있다는 지적이 제기되면서부터다. 그래서 통밀빵, 호밀빵, 글루텐 프리 등 다양한 건강빵의 시장이 생겨났다. 빵의 쫄깃한 식감은 글루텐이라는 단백질 덩어리가 물과 만나 형성하는 구조 덕분인데, 이 글루텐은 오직 밀에서만 자연스럽게 만들어진다. 반면 쌀은 전분질이 대부분이며, 단백질 함량이 낮아 스스로 글루텐을 형성하지 않는다. 그래서 쌀로 빵을 만들기 위해서는 이 구조적 결핍을 보완해야 하고, 바로 그 점이 쌀빵을 어렵고도 특별하게 만든다. 요즘에는 글루텐이나 그 대체제를 첨가하는 등의 방식으로 호밀, 옥수수 같은 다양한 곡물빵을 즐길 수 있는데, 소화 불량이나 알레르기 걱정을 덜어줄 글루텐 프리 식단을 지향하거나 밀가루의 대안이 필요한 이들에게는 쌀빵 역시 더 이상 낯선 존재가 아니다.

그중에서도 가장 오래된 쌀 이야기를 품은 빵집이 있다. 1991년, 당시 행정구역상 경기도 고양군 대화리에 속해 있던 가와지 마을의 논에서는 인류 역사상 가장 오래된, 약 5,000년 전의 재배벼 볍씨가 발굴되었다. 이 볍씨의 유산을 품은 품종이 가와지쌀이고, 그 쌀을 주재료로 빵을 굽는 고양시의 빵 가게가 〈열두톨〉이다. '열두톨'이라는 이름은 발굴된

볍씨 12톨에서 유래했다. 이곳은 일반적인 쌀가루가 아닌, 직접 제분한 신선한 가와지쌀 가루로 식빵, 소금빵, 파운드케이크, 마들렌, 쿠키 등을 만든다. 쫀득하고 촉촉한 식감은 밀가루와는 또 다른 쌀의 감각을 빵이라는 매개를 통해 전한다. 쌀을 주재료로 하기 때문에 밀가루 섭취가 부담스러운 이들도 편하게 즐길 수 있는 글루텐 프리나 저低 글루텐 디저트가 많다. 고대 볍씨에서 시작된 시간이 이렇게 오늘의 베이킹으로 살아난다.

그뿐만 아니라 〈열두톨〉은 고양시의 역사와 땅, 그리고 곡물의 시간을 브랜드화하는 로컬 크리에이터 역할도 하고 있다. 이들은 농부시장 〈마르쉐〉에 참여하며 도시 속에서 쌀빵의 이야기를 전하고, 지역과의 협업을 통해 쌀 디저트를 현대적으로 재해석한다. 농부시장 〈마르쉐〉는 생산자와 소비자가 직접 만나 교류하는 도시형 장터로, 도시 속 로컬푸드 문화와 지속 가능한 삶의 방식을 지향하는 현장이다. 원래

는 서울의 혜화, 성수, 서교 등에서 시작된 '마르쉐@'이라는 이름의 시장이 그 시초이며, 이와 유사한 철학을 가진 농부들이 전국 곳곳에서 시장과 로컬푸드 마켓을 열고 있다.

시간을 씹는 빵 한 조각 •

그렇다면 인류가 만난 최초의 벼는 어디서 왔을까? 1994년, 충북 청주시 소로리 유적지에서 약 1만 5천 년 전의 야생 볍씨가 발견되었다. 이 발견은 한국이 벼의 기원지 중 하나일 수 있다는 새로운 가능성을 열었다. 그리고 최근 그 유

적지 근처에 〈소로리 쌀상회〉라는 이름의 작은 복합공간이 문을 열었다. 이곳은 마을 주민들이 함께 법인을 만들어 운영하는 공간으로, 쌀을 테마로 한 카페이자 빵집이며, 동시에 마을공동체의 숨결이 모이고 흐르는 심장부 같은 곳이다. 이들이 사용하는 쌀은 우렁이 농법으로 재배한 '알찬미'라는 품종이다. '밥알 라떼'라는 시그니처 메뉴를 비롯해 쌀로 만든 아이스크림, 크로플, 디저트까지, 쌀을 입체적으로 경험할 수 있는 다채로운 메뉴가 공간을 채운다.

 또한 그들은 쌀을 판매할 때 품종별 특성과 향미를 설명하고, 고객의 취향에 따라 쌀을 추천하는 큐레이터 역할도 한다. 옛 정미소를 연상시키는 듯한 복고풍의 따뜻한 분위기로 꾸며져 있으며, 쌀통이나 쌀 포대 등이 인테리어 요소로 활용되어 '쌀'이라는 테마를 더욱 부각한다. 내가 그곳을 찾아간 날, 마을회관에서는 청소년들이 제과제빵 수업을 받고 있었고, 그 빵은 다시 마을 안에서 소비된다고 한다. 논과 사람이 엮이는 곳, 과거와 현재가 이어지는 공간이 바로 〈소로리 쌀상회〉다.

쌀은 이처럼 다양한 방식으로 우리 곁에 남아 있다. 밥에서 떡으로, 떡에서 빵으로. 그리고 그 안에는 늘 사람이 있고, 땅이 있다. 우리는 쌀을 먹는 것이 아니라, 그 쌀이 지나온 시간을 함께 삼키는 것인지도 모른다. 쌀로 빚은 빵 한 조각이 입안에서 천천히 퍼질 때, 그것은 지금 여기의 맛이면서도 아주 오래전 이야기이기도 하다. 고대의 볍씨에서 굽는 오늘의 빵. 그 빵을 먹는 순간, 우리는 시간을 씹고 있다.

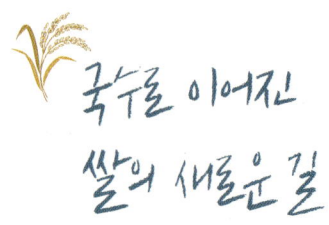
국수로 이어진 쌀의 새로운 길

 국수는 아주아주 오래된 음식이다. 그런데 동시에 지금도 계속 새롭게 만들어지고 있는 음식이기도 하다. KBS 방송국에서 제작한 다큐멘터리 「누들로드」는 그 오래됨과 새로움을 탁월하게 엮어낸 기록으로, '국수'라는 음식이 아시아를 넘어 어떻게 전 세계로 전파되고 다양한 형태로 발전했는지, 그리고 인류 문명사에 어떤 영향을 미쳤는지를 흥미롭게 조명했다. 잔치국수에서 칼국수, 냉면, 라면, 쌀국수, 짜장면, 파스타에 이르기까지, '국수'라는 범주는 인류 문명과 함께 전 지구를 가로질러 길고 가는 가락을 통해 기억과 문화, 공동체를 이어주는 하나의 선처럼 존재해 왔다.

한 가락이 이어온 문명 •

 2005년 중국 황하강 상류의 라지아(Lajia) 지역에서는 약 4,000년 전의 것으로 추정되는 가장 오래된 국수 화석이 발견되었다. 좁쌀로 만든 이 고대의 국수는 오늘날 우리가 먹는 면과 놀랄 만큼 유사한 형태를 하고 있었다. 이 한 줌의 화석은 국수의 기원이 중국임을 강력하게 뒷받침하는 증거로 여겨지며, 이탈리아의 파스타보다도 훨씬 오래된 역사를 가지고 있음을 시사한다.

 하지만 그렇다고 해서 '마르코 폴로가 중국에서 국수를 배워 이탈리아로 가져가 파스타가 되었다'라는 가설까지 완전히 사실로 입증된 건 아니다. 왜냐하면 이탈리아에서도 고대부터 면을 반죽한 요리의 존재를 보여주는 기록이 존재하기 때문이다. 고대 로마의 문헌에는 '라가나(lagana)'라는 밀가루 반죽 요리가 등장하는데, 이는 오늘날 이탈리아뿐만 아니라 세계 곳곳에서 사람들이 즐겨 먹는 '라자냐(lasagna)'의 어원으로 알려져 있다. 또한 9세기 무렵 아랍 상인들이 이탈리아의 시칠리아를 통해 중동식 건면(itriyya)를 전파했다는 기록도 있어, 면 문화가 마르코 폴로 시대 이전에 지중해 지역 내에서 이미 자생적으로 발전했을 가능성도 결코 배제할 수 없다.

국수, 귀함을 벗다

한편 한국에서 국수는 예로부터 아주 특별한 음식으로 여겨져 왔다. 밀가루가 귀했기 때문이다. 고려시대 중국 사신 서긍이 쓴 『고려도경』에도 "고려에는 밀이 적어서 중국에서 수입하며, 밀가루값이 비싸 잔치 때가 아니면 먹지 못한다"라는 기록이 남아 있다. 이런 상황은 조선시대로 넘어와서도 크게 달라지지 않아, 밀가루로 만든 국수는 귀한 손님을 대

접하거나 혼례, 환갑 등 중요한 잔치 때 내오는 음식으로서 지금과는 그 위상이 아주 차이가 있었다. 물론 이는 밀가루가 귀해서이기도 하지만, 국수 가락처럼 길게 이어지는 인연과 복을 기원하는 의미도 담겨 있는 관행이기도 했다. 아무튼 조선시대까지만 해도 국수는 서민보다는 양반가에서 즐겨 먹던 고급 음식이었다.

특정한 재료의 귀함은 국수의 형태를 바꾸기도 했다. 메밀은 냉면이나 막국수로, 감자는 전분국수로, 고구마나 옥수수도 지역에 따라 면이 되었다. 결국 그 지역에서 어떤 곡물이 많이 생산되느냐에 따라 재료를 달리한 국수가 생겨난 것이다.

그 가운데 조선시대 냉면은 주로 겨울철 별미였다. 당시 사람들은 동치미 국물이나 꿩고기 육수에 메밀면을 말아 먹었는데, 궁중에서는 꿩 대신 닭 육수를 사용하기도 했다. 평양냉면은 메밀면에 차가운 육수를, 함흥냉면은 감자 전분 등을 섞은 쫄깃한 면에 매콤한 양념을 비벼 먹는 것이 특징이다.

그러다가 한국전쟁이 발발하자, 이북에서 건너온 피난민들, 특히 함경도와 평안도 출신의 사람들은 고향에서 먹던 냉면을 그리워하며 메밀 대신 밀가루로 냉면을 만들어 먹었다. 전쟁 통에 메밀은 구하기 힘든 반면, 미국에서 원조 물자로 들어온 밀가루는 흔했기 때문이다. 그렇게 태어난 음식이 '밀면'이다. 한국인의 삶과 역사가 얽힌 국수는 그렇게 때로는 그리움으로, 때로는 생존의 지혜로 빈 그릇을 채웠다.

1960년대와 1970년대에는 정부 주도로 '혼·분식 장려 운동'이 펼쳐졌다. 쌀 부족 문제를 해결하고, 밀가루 소비를 늘리기 위한 정책이었다. 이 시기에 정부는 쌀 대신 밀가루, 보리 등을 섞어 먹거나 국수와 같은 밀가루 음식을 섭취하도록 적극적으로 권장했다. 학교에서는 특정 요일에 반드시 도시락으로 잡곡밥을 싸 오도록 했고, 선생님들이 일일이 학생들의 도시락을 검사했다. 그 결과 국수는 일상의 한 끼로

급식과 식당, 가정의 식탁 위에 정착했다. 이전까지만 해도 귀했던 국수가 가장 흔한 음식으로 자리 잡은 것이다.

쌀이 다시 면이 되는 오늘 •

그리고 이제, 쌀이 다시 국수가 되기 시작했다. 쌀은 본래 전분이 주성분이라, 글루텐이 풍부한 밀과는 달리 쉽게 면발로 뽑히지 않았다. 그러나 기술이 발전하면서 사정이 달라졌다. 곡물을 바로 제분할 수 있는 '가루쌀' 품종이 보급된 것이다. 일반 쌀은 가루로 만들기 전 물에 담가 두어야 하지만, 가루쌀은 그 과정 없이도 즉시 곱게 빻아 쓸 수 있다. 〈농촌진흥청〉이 개발한 '바로미2'가 대표적이다. 이 덕분에 쌀은 빵과 과자, 면에 이르기까지 밀가루를 대신할 수 있는 식품으로 주목받고 있다. 쌀은 밀가루에 비해 소화가 잘되고, 알레르기를 일으킬 가능성도 낮다. 이런 장점을 살려 정부는 가루쌀 산업을 미래 식품 전략으로 삼고 있다. 2023년부터 가루쌀을 재배하는 농가에는 직불금을 지급하고, 이를 활용한 제품을 개발하는 기업에는 연구개발비를 지원하면서 새로운 길을 열어가고 있다.

이러한 변화의 흐름 한가운데에 경기도 평택의 신리마을이 있다. '대한민국 대표 쌀마을'이라는 수식어가 붙은 이 마을에서는 가루쌀을 활용한 국수 실험이 실제로 이루어지고 있다. 평택의 들판에서 생산된 가루쌀을 물에 불리지 않고 바로 빻아서 가루로 만들어 제조한 쌀면은 들기름국수, 콩국수, 비빔국수, 한우곰탕 쌀국수 등 다양한 한식 메뉴에 접목된다. 글루텐이 없어 속이 편하고, 면발은 쫄깃하면서도 부드럽고 깔끔하며, 쌀 특유의 고소함이 살아 있다.

이러한 실험이 진행되는 곳은 논이 펼쳐진 들녘 한가운데 버섯 재배장이었던 폐공간을 개조해 만든 〈공간미*학〉이라는 쌀을 테마로 한 복합문화공간이다. 평택역에서 자동차로 15분 정도면 도착할 수 있는 이곳은 쌀빵, 쌀과자, 쌀면, 쌀 디저트뿐만 아니라 갤러리와 논뷰 카페, 그리고 쌀과 논, 벼를 주제로 꾸며진 전시장까지 갖추고 있다. 또한 평택 지역의 농산물을 활용하여 지역 경제 활성화에도 기여하고 있으며, 유기농 들기름, 자연방사 달걀 등 협업 농민들의 생산물을 우선적으로 이용하고 있다. 농업이 멈춘 자리에 음식이 들어서고, 음식이 다시 농업을 품는다.

그리고 이러한 실험을 성공시킨 사람은 〈미듬영농조합법인〉의 전대경 대표다. 전 대표는 일찍부터 가루쌀을 마을 차원에서 공동 생산하면서 '바비브레드'라는 쌀빵, 스타벅스 라이스칩 등을 개발하고, '신리쌀면'이라는 쌀국수 가게를 열기도 했다. 더 나아가 쌀에서 나오는 부산물인 쌀겨를 활용한 찜질방을 비롯해 반려동물이 일상화된 요즈음 소비자들을 위한 반려동물 동행 카페까지 운영하는 멋진 농업·농촌 대표 기획자이다.

무엇보다 〈공간미*학〉은 보통의 카페나 전시장 이상의 감각을 제공한다. 계절마다 달라지는 논의 색과 소리를 기록해 전시하고, 논뷰 카페에서는 직접 재배한 쌀로 만든 갖가지 빵과 과자를 선보인다. 이곳에서 쌀은 단지 밥상 위의 주인공이 아니라, 마을의 중심이자 사람과 자연을 이어주는 매개로 기능한다. 가루쌀은 기술이고, 신리쌀면은 그 기술이 빚은 맛이며, 〈공간미*학〉은 그 모든 과정을 품은 집이다.

3부

쌀의 풍경,
한국을 걷다

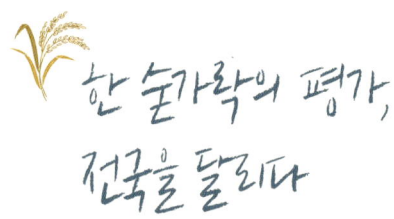

한 숟가락의 평가, 전국을 달리다

 2023년, 나는 〈농림축산식품부〉가 주최한 제1회 "쌀맛 나는 식당" 공모 사업의 평가위원이 되었다. 전국에서 총 150팀이 신청한 가운데 서류심사를 통해 60팀이 선정되었고, 이후 5명의 심사위원이 직접 현장 심사를 진행했다. 우리가 돌아본 곳 모두가 각자의 정성과 사연을 가진 소중한 식당들이었지만, 심사는 필연적으로 점수를 매기고 선택을 해야 하는 일이다. 그 결과, 최종 30곳이 '쌀맛 나는 식당'으로 선정되었다. 여기에 선정되지 못한 분들께도 뒤늦게나마 지면을 빌려 응원의 마음을 전한다.

 이번 장에서 나는 당시 특히나 인상 깊었던, 이른바 '나만의 미*슐랭' 식당 다섯 곳을 소개하고자 한다. 한정식의 화

ⓒ농림수산식품교육문화정보원

려함보다는 '쌀맛' 그 자체에 주목하고, 지역의 다양성도 고려하여 골라보았다.

신동진의 품격 • 일호점미역 –

경기 용인시 수지구 고기로 157

첫 번째는 〈일호점미역〉 용인 고기리 본점이다. '일호점미역'이라는 가게 브랜드 명칭은 마음에 점을 찍는다는 순우리말 '점심'에서 착안해 손님들에게 소중한 추억으로 기억되는

하나의 점을 선물하고 싶다는 의미라고 한다. 신동진 품종의 쌀을 사용하는 이 식당은 입구부터 쌀에 대한 자부심이 느껴진다. 가게 문을 열고 들어가자마자 오른쪽 벽에 신동진 쌀에 대한 상세한 설명과 도정 일자를 적은 커다란 문구가 맨 먼저 손님의 눈길을 확 잡아끈다. 그날 우리 일행은 이곳 미역국의 양대 산맥이라 할 수 있는 소고기 미역탕 정찬과 조개 미역탕 정찬을 하나씩 주문했다. 일반적으로 미역국이라 부르는 것과는 달리 미역탕이라고 이름 붙인 이유는 아마도 미역뿐만 아니라 소고기나 조개, 전복 같은 재료들이 뚝배기 가득 담겨 나오기 때문에 국이라기보다는 탕에 더 가깝기 때문이 아닐까 싶었다.

〈일호점미역〉에서는 열 대 이상의 밥솥으로 수시로 밥을 지어 갓 지은 밥을 제공하는데, 이는 좋은 품종의 쌀맛을 최대한 살리고, 고객들에게 최고의 식사 경험을 제공하고자 하는 세심한 노력의 일환이다. 특히 여기서 사용하는 신동진은 쌀알이 단단하고 보통 쌀보다 1.2~1.3배 정도 커서 국밥이나 미역국 같은 국물 요리와 궁합이 좋다. 미역국에 밥을 말았을 때도 전분이 잘 퍼지지 않고 쌀알이 살아 있어서 국맛과 밥맛을 모두 살리는 장점이 있다. 밥을 추가하려면 따로 천 원을 더 지불해야 하며, 솥밥 주문도 가능하다. 대중교통으로 가기에 좀 불편한 점이 있지만, 쌀맛 나는 밥을 온전히 경험하고 싶은 이들에게는 그만한 가치가 있는 곳이다. 최근에는 하남 미사점과 수원점도 생긴 것으로 알고 있다. 1인 솥밥 방식이 아닌 전기밥솥으로 밥을 짓는 식당 중에 꽤 쌀맛 나는 식당임은 분명하다.

모링가의 밥상 • 향토정 –
전남 순천시 남신월4길 13-26

두 번째는 전남 순천의 〈향토정〉으로, 남도 여행길에 한 번쯤 들를 만한 곳이다. 이곳은 세계 10대 슈퍼푸드 중 하나로 알려진 모링가로 지은 밥으로 유명하다. 순천만 일원에서 국내 재배에 성공해 지역 특산물로 주목받고 있는 식물인 모

링가는 찰기가 있고, 탄수화물 흡수를 억제하는 효과가 있어 건강에도 좋다고 한다. 여기에 곁들여 나오는 모링가 음료는 녹차처럼 잎을 우려낸 뒤 얼음을 띄운 것으로, 한 모금 마시면 입안이 시원하게 정리되며 개운한 여운을 남긴다.

〈향토정〉은 또한 밥에 감태나 기장을 더해 색다른 식감을 선사하고, 계절별 제철 요리도 매력적이다. 한정식 메뉴를 주문하면 한정식의 기본인 떡갈비와 꼬막무침, 간장게장, 그리고 남도의 김치와 젓갈까지 풍성한 한상차림이 나온다. 특히 긴 접시에 소스를 뿌려 갯벌을 형상화하고, 그 위를 기어다니는 칠게를 가지런히 플레이팅한 솜씨는 보는 재미까지 안겨준다.

무엇보다 가장 인상적이었던 것은 6개월마다 밥솥을 교체

한다는 사장님의 이야기였다. 밥솥도 당연히 오래되면 기능이 떨어진다. 패킹을 바꾸거나 내솥을 교체하는 것도 방법일 텐데, 여긴 아예 밥솥 자체를 교체하는 것이다. 또한 밥을 온장고에 보관하지 않고, 바로 밥솥에서 퍼주는 방식은 쌀에 대한 깊은 존중을 보여준다. 가족 여행객에게도 손색없는 식당이다.

부석태의 힘 •
두부마을 택지 2호점 -
경북 영주시 대동로34번길 2 2층

세 번째로 경북 영주의 〈두부마을 택지 2호점〉은 '부석태'라는 영주 특산 콩으로 만든 두부 전문 식당이다. 영주의 유명한 사찰인 부석사와 마찬가지로 부석면이라는 지명에서 이름을 따온 부석태는 1960년대부터 그 일대에서 자생한 토종 명품 콩이다. 국내에서 생산되는 콩 중에서 콩알이 가장 크고 둥글기로 유명한데, 그래서 이름에 '클 태(太)'가 붙게 되었다고 한다. 〈두부마을 택지 2호점〉을 찾은 사람들은 기본적으로 나오는 솥밥과 두부, 된장찌개, 청국장 등이 조

화를 이루는 건강한 한 끼를 경험할 수 있다. 참고로, 일본의 밥 소믈리에 교재에는 발효된 콩과 밥을 같이 먹으면 혈당이 오르는 속도를 줄일 수 있다는 내용이 나온다.

이곳에서는 경북 지역에서 생산되는 '일품'이라는 품종의 쌀을 주로 사용하는데, 식사를 마치고 나오는 길에 부석태를 강조하는 것만큼이나 어떤 쌀을 사용하는지도 손님들에게 알려 드리면 좋겠다고 말씀드렸더니, 사장님은 얼른 맞장구를 쳐 주신다. 부모님의 가업을 이어받은 여성 사장님의 밝은 에너지와 미소가 더욱 기분 좋은 식당이다. 최근 인천공항 제2터미널에도 직영점이 생겼다니, 해외를 오가며 외국 음식에 지친 여행객들이라면 한 번쯤 들러 고국의 맛을 느껴 볼 만하겠다.

밥에 진심인 젊은 주인장 • 안재식당 –

서울 송파구 백제고분로21길 38 101호

 네 번째, 서울 송파구에 위치한 〈안재식당〉은 오픈한 지 오래되지는 않았지만, 젊은 대표와 크루들이 쌀맛과 밥맛에 진심을 담아 운영한다는 사실 자체만으로도 응원하고 싶게 만드는 식당이다. 거기에다 군데군데 쌀과 밥을 모티프로 꾸며놓은 실내 인테리어는 쌀에 대한 이들의 진정성을 의심할 여지가 없게 만든다.

 이곳 〈안재식당〉은 골든퀸 3호 품종의 수향미로 지은 1인용 솥밥이 식사의 중심이다. 돼지 숯불구이, 한우 숯불구이, 묵은지 김치찜 세트가 주력 메뉴이고, 9가지 반찬과 국이 함께 나오는 '안재정식'도 인기 있다.

 이 식당의 안재성 대표는 법학을 전공한 학원 강사 출신이라는 다소 의외의 이력을 가지고 있다. 학창 시절 사법고시 준비를 위해 작은 암자에서 생활하던 중에 우연히 스님들의 식사 준비를 맡게 되었고, 그 경험이 계기가 되어 '밥 공부'의 길에 들어섰다고 한다. 식당을 운영하느라 눈코 뜰 새 없는 와중에도 하루를 마무리하며 '밥집 일기'를 쓸 만큼 진

정성 있는 태도로 밥을 대하는 모습이 인상 깊다. 석촌호수가 가까운 입지도 매력적이다. 앞으로 이 식당이 쌀과 밥을 통해 어떤 성장을 보여줄지 더욱 기대된다.

굴과 밥의 황금 조합 • 천북댁수산2 -

충남 보령시 천북면 홍보로 1061 5동7호

다섯 번째는 충남 보령에 있는 〈천북댁수산2〉의 굴솥밥이다. 지리적 조건상 접근성이 썩 좋다고는 할 수 없지만, 굴과 밥을 좋아하는 사람이라면 일부러라도 찾아가 볼 만한 가치가 있는 곳이다. 한겨울, 싱싱한
서해 굴이 듬뿍 올라간 뜨끈한
굴솥밥을 호호 불며 먹는 모습
을 상상하면 지금도 입안에 군
침이 돈다. 이곳의 굴솥밥은 충
청도를 대표하는 삼광쌀로 지
은 밥에, 직접 키운 굴을 더해
만든다. 재료 하나하나에 정성
이 들어가 있으며, 그 자체만으
로도 충분한 매력을 지닌다.

  농부이자 어부인 청년 사장의 존재 또한 이 식당의 인상적인 요소 중 하나다. 농사를 지으면서 식당을 운영하는 사람이나 어업에 종사하면서 횟집을 운영하는 경우는 드물지 않지만, 직접 쌀농사를 짓고 굴까지 키워서 식당에 내놓는 경우는 처음 접해 봤기 때문이다. 그 덕분에 이곳을 찾는 이들은 쌀맛과 밥맛, 굴맛의 환상적인 조합을 제대로 경험할 수 있다. 다양한 회와 함께 사장이 직접 디자인한 '굴빵'이라는 독특한 디저트도 준비되어 있는데, 참고로 굴빵 안에 실제 굴이 들어 있는 건 아니다. 아무튼 이름부터 재치 있고, 식사의 마무리까지 즐거운 경험을 선사하는 곳이다.

사라진 프로젝트, 다시 피울 꿈•

이처럼 우리나라에도 그냥 맛집이 아닌, 진정한 '쌀밥 맛집'들이 전국 방방곡곡에서 그 존재감을 뽐내고 있다. 원래 고수들은 곳곳에 숨어 있는 법이라 겉으로는 크게 드러나지 않아도 말이다. 하지만 아쉽게도 '쌀맛 나는 식당' 프로젝트는 2024년엔 더 이상 이어지지 못했다. 단발성 이벤트로 사라지기엔 너무나 아까운, 그리고 쌀에 대한 깊은 애정과 가능성이 스며 있던 기획이었다.

그래서 우리는 멈추지 않기로 했다. 〈동네정미소〉는 언젠가 다시 'K-RICE 미*슐랭 프로젝트'라는 이름으로 그 프로그램의 부활을 꿈꾸고 있다. 하루아침에 미슐랭만큼의 권위가 생기지는 않겠지만, 하루 한 끼 정성껏 지은 밥처럼 조금씩, 천천히, 단단하게 쌓아 갈 수 있다고 믿는다. 쌀을 사랑하는 사람들, 밥맛에 감동할 줄 아는 이들이 함께 만든다면 그것으로 충분하다. 우리의 미*슐랭은 오늘도 갓 지은 밥 한 술 위에서 시작된다. 우리에게 최고의 밥도둑은 밥이다.

밥을 따라 걷는 길

"이밥에 고깃국"이라는 말이 있다. 잘 지은 쌀밥에 고깃국이 곁들여진다면, 그 집은 살림이 넉넉하다는 의미였다. 밥이 곧 삶의 질을 가늠하는 지표였던 그 시절, 밥맛은 곧 집안의 품격이었고, 밥상은 철학이었다. 오늘날에도 그런 철학을 묵묵히 이어가는 밥집들이 있다. 화려하진 않지만, 자기만의 방식으로 쌀을 고르고 밥을 짓는 공간들이다. 이들은 대개 '쌀맛 나는 식당'이라는 공식 리스트에는 오르지 않았어도, 그 자체로 쌀과 밥에 대한 태도를 품고 있다. 밥맛을 따라 걷는 국내 쌀 여행, 그 첫 번째 발걸음은 경기도 양평으로 향한다.

열흘에 한 번, 제철을 맛보다 •
– 양평 '뭇순'

경기도 양평군 양서면 북한강로 79-1

경기도 양평의 양수리에 자리한 〈뭇순〉은 이름부터 정겹다. '뭇'은 제철을 따라 결실을 맺어가는 모든 생명을 뜻하고, '순(旬)'은 열흘을 가리킨다. 한 달을 상순, 중순, 하순으로 나누는 것처럼, 이곳의 메뉴도 열흘 단위로 새 옷을 갈아입는다.

제철 농산물 한정식 전문점인 이곳은 실제로 인스타그램에 열흘에 한 번씩 새로운 메뉴와 식단을 올린다. 계절에 따라 2월 상순에는 돼지고기 우엉조림 솥밥과 냉이된장국, 4월 하순에는 목살 스테이크 솥밥, 6월 중순에는 깻잎 페스토 참소라 솥밥이 식탁에 오른다. 그 외에 애호박 건새우전, 동그라미 감자전, 뭇태 주먹밥 같은 메뉴도 계절마다 모습을 바꾼다. '뭇순'의 시간은 그렇게 짧고도 깊게 흐른다.

'뭇친소'라고 이름 붙인 원산지 표시도 귀엽다. "뭇순 요리 재료 친구를 소개합니다"라는 그 한마디에 이 밥집이 재료를 대하는 자세가 담겨 있다. 다양한 음료와 전통주, 반찬, 장류, 간식거리도 판매하고 있다. 식사를 마쳤다면 양평역 근처에 있는 수제 디저트 가게 〈델레떼〉에서 토종쌀 아이스크림을 맛보거나, 두물머리로 발길을 옮겨 풍경을 감상해 보는 것도 좋다. 특히 두물머리의 새벽 물안개는 압권이다.

쌀이 주인공인 쌀집 식당 • – 남양주 '그레인마켓'

경기 남양주시 두물로39번길 22 1층

남양주에 새로운 식당이 생겼다는 소문을 듣고 다녀왔다. 2024년 9월에 문을 연 작은 쌀집 겸 유기농 밥집 〈그레인마켓〉이다. 이곳의 가장 큰 특징이자 핵심은 매장에서 직접 쌀을 도정한다는 점이다. 커피가 갓 로스팅된 원두일수록 향이 좋듯, 쌀도 갓 도정한 것이 향과 맛이 가장 풍부하다는 철학이 공간 전체를 지배한다.

매장 한편에는 전국 각지에서 엄선한 여러 품종의 쌀과 잡

곡이 가지런히 놓여 있다. 최소 180g의 홉 단위부터 소포장으로 구매할 수 있어, 여러 품종의 쌀을 부담 없이 맛보고 싶은 이들에게 인기가 많다. 쌀뿐만 아니라 제철 채소와 과일, 직접 만든 소스와 장류 등, 밥상을 완성해 줄 신선한 식재료도 함께 만날 수 있다. 한 번의 방문으로 밥상 재료를 모두 채울 수 있는, 말 그대로 쌀집이자 장터다.

식당 공간에서는 제철 식재료를 활용한 메인 요리와 정갈한 반찬들로 구성된 한상차림이나 생선구이, 두부찜과 같은 메뉴가 제공된다. 건강하고 담백한 맛을 추구하며, 자극적이지 않아 속이 편안한 집밥 같은 느낌을 준다. 그러나 개인적인 감상으로는 직접 도정한 신선한 쌀로 지은 스타우브 솥밥이 여기서 조연이 아닌 주인공 역할을 하지 않나 싶다. 스타우브는 유명한 프랑스 식기 브랜드로, '라이스 꼬꼬데(Rice

Cocotte)'라는 밥 전용 주물 냄비가 특히나 국내 소비자들 사이에서 잘 알려져 있다. 원래 '꼬꼬데'는 프랑스어로 '스튜 냄비'라는 의미인데, 밥이 익어가는 소리가 마치 암탉이 우는 소리를 연상시킨다고 해서 그렇게 이름 붙여졌다고 한다. 아무튼 냄비가 좋아서인지, 밥 짓는 사람의 솜씨가 좋아서인지, 아니면 둘 다인지는 모르겠으나, 어디 내놓아도 손색이 없는 밥맛인 것만은 분명했다.

일반적인 정미소나 쌀집과는 달리 모던하고 감각적인 인테리어도 돋보인다. 우드톤의 따뜻한 분위기와 햇볕 가득한 유리창 아래에 마련된 오픈 키친에서 셰프 출신의 두 대표가 열심히 요리를 한다. '쌀집'이라는 말이 이렇게 세련될 수도 있구나 싶다.

밥이 맛있는 고깃집 • – 서울 강서 '칠흑'

서울특별시 강서구 화곡로66길 20

서울 강서구에는 '밥이 맛있는 고깃집'이 있다. 이름도 강렬하다. '칠흑'. 국내 최초의 흑돼지 편집숍을 지향하는 이곳

은 식당의 주력 메뉴인 돼지곰탕과 냉제육에 국산 흑돼지인 버크셔K를 주재료로 사용한다. 이는 영국의 흑돼지를 지리산에서 개량해 키운 한국형 흑돼지로, 세계농업기구(FAO)에 등록된 한국 고유 품종이다.

〈칠흑〉에서는 전북 남원의 버크셔K를 비롯해 충남 아산의 우리흑돈, 제주의 난축맛돈 등 대한민국 흑돼지 '3대장'으로 불리는 엄선된 품종들을 한자리에서 맛볼 수도 있다. 얇게 썰어낸 고기를 구워 새우젓 등과 함께 즐기는데, 품종별 특징을 살려 고객이 직접 맛을 비교해 볼 수 있다. 혼자 오는 손님도 1인분씩 주문할 수 있다는 점도 매력적이다.

갈비 한 대가 중심부에 놓인 돼지곰탕과 불향이 좋은 흑돼지 고추장불고기 세트는 가성비와 가심비 모두 좋았고, 무엇보다 후식으로 제공된 직접 만든 식혜는 식사의 마무리까지 만족도를 유지해 주는 역할을 톡톡히 했다.

하지만 이 집의 진짜 강점은 밥이다. 이곳은 더 좋은 밥맛을 위해 소식재배한 프리미엄 쌀인 용의 눈동자와 고시히카리를 블렌딩해서 사용한다. '소식재배'란 같은 면적의 땅이라도 벼 사이의 간격을 넓혀 재배하는 것을 말한다. 자연히 생산량은 줄어들 수밖에 없지만, 그만큼 식물의 생육에 더 좋은 환경을 제공해 더 높은 품질의 쌀을 생산할 수 있다. 이는 A4 한 장도 안 되는 좁은 닭장에서 키운 닭의 달걀보다 마당에 놓아기른 닭의 달걀이 더 신선하고 맛이 뛰어난 것과 같은 이치다. 그래서 소식재배 방식을 동물 복지에 빗대어 '식물 복지'라고 표현하는 농부들도 있다.

〈칠흑〉의 김진영 대표는 30년 경력의 식자재 MD 출신으로, 최고의 식재료를 선별하고 활용하는 데 뛰어난 전문성을 가지고 있다. 특히 쌀과 고기의 조화를 누구보다 잘 아는 그는 "고기의 육질을 살리는 건 밥"이라는 신념을 조용히 증명한다.

고요한 도시의 주먹밥 •
- 종로 계동 '利밥'
서울특별시 종로구 창덕궁1길 29

서울 종로구 계동의 〈利밥〉은 조용한 골목 어귀에 자리한, 한식과 일식이 조화된 퓨전 음식점이다. '몸에 이로운 밥'을

지향한다고 해서 '이로울 리(利)'자가 간판에 붙은 이곳에서는 일본식 오니기리에서 영감을 받은 깔끔하고 담백한 주먹밥을 맛볼 수 있다. 아담하고 조용한 공간에서 혼밥을 즐기기에도 제격이다. 대표 메뉴로는 연잎 주먹밥 세트, 취나물 견과류 주먹밥, 버섯톳 주먹밥 등이 있으며, 세트로 주문하면 미니 주먹밥과 함께 샐러드와 반찬이 곁들여 나온다. 작고 조용한 공간에서, 말수는 적지만 주먹밥에 강한 자부심을 가진 사장님과 나누는 대화는 밥맛을 더욱 돋운다.

조금만 걸어가면 창덕궁 궁궐 산책이 가능하고, 북촌 한옥마을과 인사동도 그리 멀지 않다. 날씨 좋은 평일에 호젓하게 동네를 걷다가 출출해지면 〈利밥〉의 주먹밥을 맛보는 것도 나 같은 쌀집 아저씨의 사는 재미 중의 하나다. 가게는 아기자기해서 인스타 감성에도 뒤처지지 않는다.

일본식 오니기리의 진수 •
– 정동 '오니기리 동아리'

서울특별시 종로구 새문안로 46

 이와 대조적으로 서울 정동의 초입에 위치한 〈오니기리 동아리〉는 일본 감성 그 자체다. 실제로도 일본인 사장이 직접 운영하는 일본식 오니기리 전문점인 이곳은 시청역이나 광화문역, 서대문역에서 걸어갈 수 있는 거리에 있다. 아침 7시부터 문을 열어 출근길 직장인들에게도 인기가 좋다.

 멀리서도 눈에 띄는 핑크빛 외관이 특징이고, 오니기리 캐릭터도 귀엽다. 다만 아쉽게도 매장이 매우 작아 앉아서 식사하기는 어렵다. 의자가 두 개 정도 있긴 하지만 사실상 테이크아웃 전문이라 보면 된다. 메뉴는 명란, 스팸 계란, 고추 타카나멸치, 우나기 등 수십 종류의 오니기리가 준비되어 있으며, 원하는 맛을 말하면 즉석에서 만들어주기도 한다. 오니기리 세트 메뉴도 있어 여러 가지 맛을 한 번에 즐길 수 있다.

덕수궁 정동길을 산책하다가 찾아가기에 좋다. 광화문 교보문고 사거리에서도 멀지 않고, 서울역사박물관 바로 건너편에 자리 잡고 있어서 간식거리가 필요할 때 위치를 검색해서 찾아가기 편리하다. 서울 한복판에 오니기리의 신흥 강자가 나타났다.

제철이 머무는 밥상 •
– 공주 '사계반상'

충남 공주시 대통1길 27

마지막으로 공주의 〈사계반상〉은 계절과 지역의 풍미를 담은 밥상을 표방하는 곳이다. "공주의 떼루아를 담은 제철 한식 차림"이라는 문구처럼 지역의 신선한 제철 식재료에 따라 주인공이 바뀐다. 봄에는 봄나물, 여름에는 햇감자, 가을에는 곡류, 겨울에는 뿌리채소와 숙성 장류가 주재료가 된

©사계반상

다. 이 재료들로 만든 비빔밥, 갈치 쑥국, 백 퍼센트 공주 한우로 만든 육적(섭산적), 논산 태봉산 자락 서풍골의 숙성 된장으로 끓인 된장국 등이 정갈하고 품격 있게 차려진다.

서울에서 공주로 내려온 젊은 사장님이 주택가 언덕길의 붉은 벽돌 건물에서 시작한 이 식당은 지금은 소박한 골목으로 자리를 옮겼다. 영화 「카모메 식당」을 연상시키는 깔끔하고 독특한 실내 인테리어도 눈길을 끈다. 최대 20명까지 맞춤형 식사가 가능하며, 프리미엄 도시락인 '사계락', 맡김 차림 코스요리, 케이터링, 전통주 페어링 등을 제공한다. 또한 공주 산성시장을 방문해 〈사계반상〉의 장보기 노하우를 전수하고 브랜드와 재료에 대해 알려주는 공주 최초의 컬리너리 투어를 진행하고 있다. 더불어 대표의 창업 스토리와 지역에서의 꿈을 들을 수 있는 강연도 신청할 수 있다.

쌀을 고르고, 고르다

– 취향을 담은 쌀집들

한때 쌀은 집집마다 쌓아두는 것이 당연한 곡물이었다. 한 가마니, 두 가마니씩 정미소에서 곡식을 찧어 와 한 해 농사를 저장하듯 쌀을 들여놓았다. 하지만 시대는 바뀌었고, 이제 쌀은 '쌓아두는' 것이 아니라 '고르는' 것이 되었다. 누가 키운 쌀인지, 언제 도정되었는지, 어떤 밥이 나올지 생각하며 쌀을 산다. 조금 더 맛있는 밥을 위해, 혹은 나만의 건강한 한 끼를 위해 말이다. 그러다 보면 어느 순간, 쌀집이 곡물을 파는 공간이 아니라 취향과 감각을 편집해 놓은 작은 우주처럼 느껴질 때가 찾아온다.

쌀 소포장 패키지의 강자 • - 이천 '미감'

경기도 이천에는 '이천 미감^{米感}'이라는 이름의 쌀 브랜드가 있다. 이름처럼 쌀의 감각, 밥맛의 미묘한 차이를 중요하게 여기는 쌀 편집 브랜드다. "매일 먹는 신선하고 좋은 쌀을 경험해 보세요"라는 슬로건 아래, 국내에서도 쌀이 좋기로 유명한 경기도 이천에서 30년 이상 경력의 농부가 재배한 순도 높은 단일 품종의 쌀을 엄선하여 제공한다. 특별 창고에서 관리된 쌀을 도정 후 바로 진공 포장해서 판매하는데, 한 팩에 450g, 즉 밥을 지으면 대략 4인분 분량의 소량 포장이라 1인 가구나 소규모 가구에도 부담 없이 밥맛 좋은 하루를 선물한다.

고시히카리, 진상미, 추청, 알찬미 같은 다양한 품종의 백미는 물론이고, 이곳의 쌀 소믈리에가 엄선한 현미와 찰보리, 흑미 등의 잡곡도 함께 판매한다. 백미와 현미를 함께 구성한 꾸러미나 세 가지 잡곡을 섞은 패키지도 있다. 특히 정기구독 서비스인 '정기미감'을 통해 가족 수와 라이프스타일에 맞춰 쌀을 배송해 주는 방식도 운영 중이다.

선물 세트는 더 정갈하다. '농부의 시간'이라는 이름이 붙은 세트는 마치 한 해의 노동을 포장해 보내는 듯하다. 쌀이 이렇게도 선물이 될 수 있다는 걸 '이천 미감'은 조용히 증명한다. 다만 아쉬운 점은, 동네 마트나 가게에서 일상적으로 구매하기는 쉽지 않다는 것이다. 주로 인스타그램을 비롯한 SNS나 온라인몰을 통해 주문하거나, 일부 백화점과 편집숍에서 구매할 수 있다.

곡물의 모든 것 •
- 공주 '곡물집'

충남 공주시 효심1길 12-1

공주의 원도심 한 골목 안, 고즈넉한 2층 한옥에 자리한 〈곡물집〉은 쌀보다 조금 더 넓은 영역을 다룬다. "곡물 경험 브랜드"를 표방하는 이곳은 곡물이라는 생명체를 어떻게 맛보고, 기억하고, 재해석할 수 있을지를 질문하며, 동시에 토종 곡물의 가치와 지속 가능한 식문화를 탐구하고 경험하게 하는 공간이다.

1층은 그로서리 카페이자 작은 전시장이다. 버들벼, 선비잡이콩, 등틔기콩 같은 이름도 생소한 토종 곡물들이 패키지에 담겨 있고, 그 곡물들을 활용해 가공한 파우더나 칩도 모습을 드러낸다. 그리고 커피 원두와 토종콩을 섞어서 로스팅한 곡물 블렌딩 드립커피와 곡물 크림커피, 미숫가루를 새롭게 풀어낸 '미수', 수수 밀크티처럼 곡물을 활용한 독창적인 음료 메뉴가 그 뒤를 따르고, 앉은키밀 밤 와플, 공주 밤 과자 같은 토종밀 디저트가 마무리를 장식한다.

그 옆으로는 곡물집 브랜드북을 비롯해 농부와 디자이너, 활동가들의 이야기를 담은 책들이 놓여 있다. 곡물 음료를

©곡물집

마시며 책장을 넘기고, 철학이 담긴 포장을 손에 들고 나서는 순간, 이곳은 '몸과 마음의 양식을 함께 파는 서점'이 된다.

〈곡물집〉은 농부, 셰프, 디자이너, 아티스트, 인문학자, 과학자 등 여러 분야의 전문가들과 협업하여 '식食경험'을 디자인한다. 계절에 따라 열리는 '곡물 경험 워크숍', 농부와의 대화 프로그램, 음식과 책을 매개로 한 '식경험 디자인 캠프'까지, 〈곡물집〉은 먹는다는 행위를 새롭게 써 내려가고 있다.

쌀의 실험실 •
– 김제 '더 쌀랩 곳간'
전라북도 김제시 동서17길 37, 1층

전라북도 김제의 〈더 쌀랩 곳간〉은 이름에서부터 실험실

같은 기운이 느껴진다. 실제로 이곳은 쌀을 테마로 한 갖가지 시도들이 이루어지는 복합문화공간이다. '쌀을 파는 공간'이 아니라 '쌀을 새롭게 만나는 공간'을 지향하며, 지역 농업과 상생을 추구하는 곳으로 알려져 있다.

구체적으로는 만경평야를 등에 업은 김제 지역 농부들과 직접 협력하여 우수한 품질의 쌀을 공급받고, 품종별 특징과 맛에 대한 상세한 정보를 제공하여 소비자들이 자신의 취향에 맞는 쌀을 선택할 수 있도록 도움을 준다. 또한 주문과 동시에 즉석에서 도정한 쌀을 투명한 진공 포장에 담아주는 서비스는 쌀의 신선도와 풍미를 직접 체감하게 해준다.

베이커리 제품, 음료, 디저트 같은 쌀을 활용한 가공품들도 다양하다. 곳간 안에서 계절마다 열리는 쌀을 주제로 한 전시와 교육, 체험 프로그램을 통해 소비자는 단순히 '쌀을 사는 손님'이 아니라 '쌀을 이해하는 참여자'가 된다. 쌀이 곧 하나의 문화임을 자연스럽게 인식하게 되는 공간인 것이다.

정미소에서 복합문화로 •
- 사천 '카페 정미소'와 '공간 쌀'

경남 사천시 진삼로 150

경남 사천의 〈카페 정미소〉는 옛 정미소를 리모델링한 카페다. 1953년부터 이어져 온 정미소를 화가 출신의 카페지기가 직접 개조해, 지금은 쌀과 책, 커피와 전시가 공존하는 문화공간으로 다시 태어났다. 예전에 쌀을 올리고 내리던 승강기는 빨간 철제 기둥이 되어 공간 한가운데를 지키고, 드럼통은 간판과 화단이 되었다.

실내에는 대형 곰 인형이 놓인 좌식 룸이 있고, 미술 전문 서적에서부터 동화, 만화, 소설에 이르기까지 2,000권이 넘는 책이 비치된 작은 도서관도 있다. 정미소의 기계 부품이나 오래된 구식 텔레비전 같은 소품들이 인테리어에 활용되어 복고풍 감성과 독특한 분위기를 자아낸다. 넓은 마당에는 흔들의자와 나무 씽씽카 같은 놀이시설도 있어 어린 자녀와 함께 방문하기에도 좋다.

음료를 주문하면 기본으로 제공되는 튀밥도 정겹다. 팥빙수 하나에도 '칠곡읍 팥면 빙수리 팥빙수' 같은 시골 주소풍의 이름이 붙는다. 쌀로 가득 찼던 창고를 비워 새로운 이야기를 불어넣은 이 공간은 그렇게 오래된 기억을 품은 채 다시 사람을 모으고 있다.

〈카페 정미소〉에서 운영하는 갤러리인 〈공간 쌀〉에서는 지역 예술가들의 다채로운 전시회가 열린다. 이렇듯 쌀을 품던 공간이 이제 예술과 사람을 품고 있다. 덧붙이자면, 사천 삼천포에서 남해 창선까지 섬과 섬을 연결한 바다 위 도로는 '한국의 아름다운 길 100선'에 뽑힐 만큼 매력이 넘친다.

이것은 서점인가, 쌀집인가 •
- 서울 '동수상회'

서울특별시 중구 을지로 12 시청광장지하쇼핑몰 새특 4-2

서울 을지로 지하상가에 있는 〈동수상회〉는 특히나 흥미로운 공간이다. 얼핏 보면 서점 같기도 하고, 또 한편으로는 레트로한 쌀가게처럼 보이기도 한다. '쌀 편집숍'이라는 이름을 달고 있지만, 이곳에서는 쌀만 파는 것이 아니다. 갓 도정한 소포장 쌀은 물론이고, 밥솥과 밥그릇, 전통적인 쌀 관련 식기들이 가지런히 놓여 있고, 그 옆 책장에는 음식이나 쌀과 관련한 그림책, 에세이, 시집이 꽂혀 있다. "그림책이 있는 쌀집"이라는 별명처럼 어른들을 위한 그림책 큐레이션이 특히 정갈하다. 최근에는 독립서점 〈월간책방〉과 협업해 책 모임과 전시도 진행한다. 쌀과 책이 공존하는 이 작은 공간은, 을지로 지하에서 만나는 특별한 '도시 속 정미소'다.

쌀을 고른다는 건, 어쩌면 좋은 밥맛을 즐기기 위한 일만은 아닐지도 모른다. 우리는 쌀을 고르며 누군가의 농사, 한 지역의 품종, 그리고 나 자신의 삶을 함께 고른다. 하루의 리듬과 계절의 감각을 조금 더 섬세하게 받아들이고자 할 때, 좋은 쌀집 하나는 의외로 많은 것을 바꿔준다. 이 작은 쌀가게들이 보여주는 것은 결국 삶을 구성하는 방식에 대한 고민이자 제안이다. 밥을 어떻게 지을 것인가, 무엇을 담아 누구와 나눌 것인가. 그 모든 질문이 한 톨의 쌀에서 시작된다.

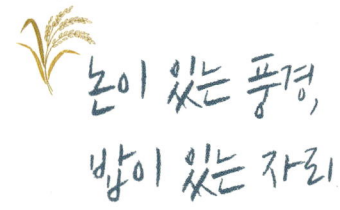
논이 있는 풍경, 밭이 있는 자리

신들의 숨결이 머무는 논 •

대부분 쌀을 주식으로 하는 동남아시아 국가들을 여행하다 보면 유명한 '논뷰 카페'를 어렵지 않게 찾아볼 수 있다. 그중에서도 인도네시아 발리섬의 우붓이라는 마을은 '라이스 테라스', 즉 계단식 논을 배경으로 곳곳에 자리한 카페에서 논을 감상하며 커피 한 잔을 즐길 수 있는 풍경의 미학으로 유명하다. 예를 들어 〈크레티야 우붓(Cretya Ubud)〉은 테갈랄랑 계단식 논의 대표 명소로, 거대한 수영장과 탁 트인 전망을 자랑한다. 그 인근에 있는 〈알라스 하룸(Alas Harum)〉 역시 경관이 멋지기로는 둘째가라면 서러울 정도다. 커피 농장과 스윙, 짚라인 같은 액티비티와 함께 여러 층으로 이루어진 카페 공간에서 논 풍경을 감상할 수 있다. 이 밖에도 우붓 시내 중심에서 조금만 벗어나면 숨겨진 작은 논뷰 카페나 레스토랑들을 얼마든지 발견할 수 있는데, 이러한 곳들은 번잡한 관광지를 피해 한적한 분위기와 더불어 지역 고유의 정취를 느끼기에 안성맞춤이다.

태국 치앙다오의 〈쿰푸나 카페 앤 리조트(Khumpunna Cafe & Resort)〉와 라오스 루앙프라방의 〈풀하우스 카페(Full House Cafe)〉도 환상적이긴 마찬가지다. 먼저 치앙다오는 해발 2,175m의 치앙다오산(Doi Chiang Dao)을 중심으로 펼쳐지는 자연 경관과 전통적인 마을 문화가 조화로운 지역으로, 인근에 위치한 태국 제2의 도시 치앙마이의 도심과는 전혀 다른 조용하고 깊은 산골 풍경으로 유명하다. 그중에서도 외곽에는 아름다운 계단식 논이 끝없이 이어져 있는데, 특히 8, 9월에는 논 전체가 선명한 연둣빛으로 물들고, 10, 11월에는 수확 직전의 황금빛으로 출렁이는 논이 산등성이를 따라 장관을 이룬다. 이곳에 위치한 〈쿰푸나 카페 앤 리조트〉는 치앙다오의 논을 한눈에 볼 수 있는 대표적인 논뷰 카페 중 하나로, 대나무 데크로도 유명하다.

라오스 루앙프라방에서 꽝시 폭포(Kuang Si Falls)로 가는 길목의 한 마을 근처에 있는 〈풀하우스 카페〉는 논 사이에 자리한 나무 오두막 형태의 평화로운 공간이 특징이다. 곱게 물든 벼들이 바람에 일렁이는 모습을 보다 보면 나도 모르게 '논멍'에 빠져들게 된다. 이곳에서 논은 거대한 스크린이 되고, 바람은 음악이 된다.

바다와 논이 서로를 비추는 곳 •
- 남해 '카페 톨'

경상남도 남해군 남면 남면로679번길 17-27

물론 한국에도 논멍, 벼멍, 물멍하기 좋은 곳들이 있다. 그중에서도 가장 먼저 떠오르는 곳은 남해의 다랭이마을이다. 계단식 논과 푸른 바다가 나란히 펼쳐진 마을은 그야말로 보물섬 같다. 이곳 다랭이마을에는 제사에 올린 밥(메)을 묻는 밥 무덤이 있다. 제삿밥을 얻어먹지 못하는 혼령들에게 제를 지내고, 한해의 풍년을 기원하는 풍속이다.

이 마을에 위치한 〈카페 톨〉은 마을의 경관을 통째로 끌어안은 공간이다. 남해의 곡물과 지역 농산물을 보관하던 창고를 카페와 갤러리로 승화시킨 이곳은 아담한 주황색 지

붕의 주택에 아름다운 정원이 조성되어 있어 계절마다 다양한 꽃을 감상할 수 있고, 정원 너머로 펼쳐지는 바다와 다랭이논의 풍경은 많은 방문객에게 힐링을 선사한다. 카페 밖 평상에 앉아 남해산 쌀로 만든 따뜻한 쌀빵 한 조각에 유자에이드를 곁들여 들이키면, 그 순간이 바로 무릉도원이 된다.

　카페의 이름 '톨'은 쌀 한 톨, 두 톨 할 때의 '톨'에서 따왔다. 이 카페에서는 직접 만든 쌀 식빵과 카스텔라를 '톨 방앗간'이라는 이름 아래 구워서 판매한다. 건강한 재료로 만든 부드러운 쌀빵은 금세 동이 나는 경우가 많아 될 수 있는 대로 일찍 방문하는 것이 좋다. 유자에이드와 같이 남해의 특산물을 활용한 음료도 인기가 많다.

〈카페 톨〉은 '남해 다랭이마을 한 달 살기' 프로젝트를 운영하는 것으로도 유명하다. 이 프로젝트를 통해 도시 청년들에게 다랭이마을에 머물면서 카페에서 일하고 지역 문화를 체험해 볼 수 있게 하며, 아예 남해에서의 정착을 고려하는 이들에게도 기회를 제공하고 있다. 〈카페 톨〉은 〈컬쳐그룹 뭔들〉이라는 단체가 운영하는데, 이들은 카페 외에도 빵을 만드는 톨 방앗간, 책방, 여성 전용 게스트하우스 '여여가'를 운영하는 등 다랭이마을 내에서 문화 활동의 거점 역할을 담당하고 있다.

폐교에 깃든 실험·
– 곡성 '미실란'

전남 곡성군 곡성읍 섬진강로 2584

다음으로 소개할 곳은 전남 곡성의 〈미실란〉이다. 폐교를 개조한 이 공간은 생태적 삶과 밥상을 고민하는 일종의 실험실이라고 할 수 있다. '농부 과학자'로 불리는 이동현 대표는 쌀에 대한 각종 실험과 종자의 특성을 기록하고 보급하는 일을 일생의 사명으로 생각하는 인물이다. 어찌 보면 정부가 나서서 져야 할 짐을 스스로 어깨에 짊어진 셈인데, 두 아들과 함께 건강한 쌀을 생산하며 20년 넘게 300여 종의 벼를 재배하고 연구하여 발아현미에 가장 적합한 품종을 찾기 위한 실험을 뚝심 있게 이어가고 있다. 참고로, 발아현미는 현미에 적절한 수분, 온도, 산소를 공급하여 1~5mm 정도 싹을 틔운 쌀로, 일반 현미보다 영양과 기능이 극대화되고 소화가 잘되는 것이 특징이다.

한때는 지역 특산물인 토란을 활용한 발아현미 오색밥상과 토란 탕수육, 멜론 장아찌 같은 독특한 채식 메뉴를 선보이던 '밥카페 반하다'도 운영되었지만, 아쉽게도 지금은 잠시 멈춘 상태다. 대신 자리한 생태책방 '들녘의 마음'에서는 드라마 「불멸의 이순신」과 영화 「조선 명탐정」의 원작자로 잘 알려진 김탁환 작가가 직접 큐레이션한 생태 관련 도서들을 만날 수 있다.

아, 그러고 보니 이곳의 논뷰에 관한 설명을 빼먹을 뻔했다. 일단 옛 학교 정문을 들어서면, 아담한 운동장과 그 한편에 가꾸어진 작은 정원과 텃밭이 먼저 눈에 들어온다. 그리고 고개를 들면 정면에 옛 초등학교 건물이 보이고, 카페는

그 오른쪽에 논을 바라보며 서 있다. 넓게 평야처럼 펼쳐진 논의 앞쪽에는 평소 보기 힘든 북한의 토종벼와 새롭게 개발된 신품종 쌀이 아기자기하게 심겨 있고, 논두렁에는 논의 일부가 된 조각 조형물이 설치되어 있다. 나는 한여름에 여기를 찾았는데, 푸르른 벼로 가득 찬 논은 파란 하늘과 어우러져 눈과 마음을 시원하게 식혀주었다. 카페에서는 갖가지 곡물음료와 더불어 현미 발아쌀 세트, 발아현미 미숫가루, 발아현미칩 등을 구매할 수도 있다.

한편 초등학교 건물 안도 반드시 둘러볼 만하다. 안에는 '들녘의 마음'이라는 생태서점이 있고, 교실 복도는 미술품을 전시하는 갤러리로 재탄생되었다. 운동장에서는 종종 음악회와 영화제, 북콘서트도 개최된다. 계절마다 바뀌는 전시, 콘서트, 책과 함께하는 강연은 마치 느린 속도로 펼쳐지는 한바탕의 인문학 축제 같다.

무지갯빛 물결로 춤추는 논 •
- 여주 '우보농장'

경기도 여주시 금사면 전북리 259-2

세 번째는 경기도 여주에 위치한 〈우보농장〉이다. 이곳은 『조선도품종일람』에 기록된 1,500여 종의 토종벼를 복원하고 보존하는 귀중한 농장이다. 색색의 토종벼가 자라는 논은 가을이 되면 황금빛이 아니라 붉은빛, 검은빛, 자줏빛으로 물든다. '무지개 논'이라 불러도 어색하지 않을 만큼 경이로운 풍경이다. 논의 경치를 감상하는 것뿐만 아니라 봄에는 손 모내기 체험, 가을에는 낫으로 벼를 베는 체험도 가능하다. 일정만 맞으면 '전국토종벼대회'에 참가해서 토종쌀로 만든 수많은 막걸리를 먹어볼 수도 있다.

2025년부터는 누구나 쉽게 토종벼를 경험할 수 있도록 벼꽃이 필 무렵에 맞춰 '벼꽃 투어'라는 프로그램도 운영하고 있다. 가족이나 연인끼리 논을 찾아 벼꽃을 바라보고, 만져

보고, 토종벼의 역사를 듣는 시간이다. 비록 카페는 없지만, 토종벼 논길을 걷는 것만으로도 사색과 위로를 얻는다. 서울에서 가까우니 특히 가을에 가벼운 산책처럼 다녀오길 권한다.

철길 너머 새겨진 느린 예술 • - '한가한들'

강원도 춘천시 신동면 증리 1156

네 번째는 경춘선을 따라가다 보면 나오는 강원도 춘천 김유정역 인근의 〈한가한들〉이다. 물론 이곳은 일반인을 맞이하는 카페나 상업 공간은 아니다. 그런데도 〈한가한들〉을 이 지면에 소개하고 싶었던 결정적인 이유는 무엇보다 경춘선 기차를 타고 강촌역을 지나 김유정역에 다다를 즈음 창문 너머로 보이는 논의 풍경이 너무나 환상적이기 때문이다. 그리고 김유정역에 내려서 〈한가한들〉까지 논길을 따라 걷는 20분가량의 시간 동안 논에 토종벼로 새긴 '논 아트'를 감상하다 보면 지루할 틈이 없다. 인공적인 물감을 입힌 게 아니라 붉은차나락 같은 토종벼의 색깔이 일반 벼와는 육안으로 확

연히 구분되는 특성을 활용한, 말 그대로 자연이 빚어낸 예술품인 것이다.

경춘선 철도 아래에 자리 잡은 논 가운데에는 쌀과 관련한 체험 공간과 쉼터, 텃밭 등도 있다. 6월에는 동네 주민들이 모여 다 같이 손 모내기도 진행하고, 가을에는 수확한 찹쌀로 빚은 '한가한주'라는 술도 출시한다. 강촌역에서 김유정역으로 가는 철길 건너 펼쳐지는 논의 물결과 예술의 흔적을 바라보는 일, 그것만으로도 가슴이 뛴다.

철새와 토종벼가 만나는 들판 •
- 창원 '주나미 농장'

경남 창원시 의창구 동읍 주남로101번길 134-9

창원의 주남저수지는 경상남도를 대표하는 철새도래지다. 이곳에서 우봉희 농부는 아내 정선혜 씨와 함께 자신만의 특별한 자연 재배 농법으로 오랫동안 토종벼를 대규모로 재배하고 있다. 김해평야가 시작되는 들판에 드넓게 펼쳐진 토종벼 논을 바라보는 것 자체가 감동적이다. 우리나라 토종벼 들판 중에 가장 광활하다고 해도 과언이 아니다. 김해평야는 낙동강과 바다에 가까운 비옥한 삼각주 지대로, 예로부터 물이 풍부하고 땅이 비옥하여 벼농사에 최적의 조건을 갖춘 곳이었다.

우봉희 농부가 품종을 고르는 기준은 명확하다. "첫째, 쓰러지지 않아야 한다. 둘째, 밥맛이 좋아야 한다. 셋째, 수확

량이다." 현재 약 10만 평 규모의 벼농사를 짓고 있는데, 이 가운데 30~40%를 토종벼가 차지한다. 한국에서 보기 드문 큰 규모의 토종벼 재배자라 할 수 있다. 지금은 주로 화도, 귀도, 붉은차나락, 진안도, 돼지찰 등 남부 지역에 잘 어울리는 품종을 집중적으로 생산하고 있다.

그는 토종벼의 특징을 설명하며 이렇게 말한다. "재미있는 점은 토종벼도 계속 변하면서 그 지역의 기후와 땅에 적응한다는 겁니다. 예를 들어 화도라는 품종은 원래 붉은빛을 띠는데, 올해부터는 붉은색이 빠지고 흰색 까락으로 변했어요. 아마도 남부 지역의 기후와 토양에 토종벼가 적응해 가는 것이 아닐까 싶습니다. 반면 북흑조 같은 북쪽 지방 품종은 창원의 남쪽 기후와는 맞지 않습니다."

그의 논 가운데에는 몇 해 전까지 연꽃밭이던 곳도 있다. 지금은 논으로 바꾸어 토종벼를 기르고 있는데, 그곳에서는 벼 사이로 연잎이 올라오는 이색적인 광경을 볼 수 있다. 이렇듯 토종벼의 세계, 논의 세계는 정말 무궁무진하다. 현재 그는 김해공항 인근에서도 대규모 논농사를 이어가고 있다. 그의 목표 중 하나는 겨울철 철새가 찾아오면 키우던 벼의 일부를 새 모이로 제공하는 생태농업을 실천하는 것이다.

마지막으로 평택 〈공간미*학〉의 통유리창 너머로 보이는 들판도 잠깐이나마 언급하지 않을 수 없다. 꼭 논뷰가 아니더라도, 유기농 농장과 텃밭이 어우러진 카페들 속에는 그곳을 운영하는 사람들의 에너지가 고스란히 스며 있다. 메뉴도 멋지고 공간도 아름답지만, 무엇보다 그곳 사람들의 삶의 태도가 특별하다.

쌀을 바라보는 눈이 달라질 때, 논을 바라보는 마음도 함께 바뀐다. 한 톨의 쌀에서 시작된 풍경, 그 풍경 속 사람들, 그리고 그들과 밥을 나누는 시간.

그 모든 것이 이 작은 논뷰 카페와 들판에 담겨 있다.

글자가 벼처럼 자라는 책 •

쌀을 예술로 승화시키는 사람들이 있다. 볏짚 공예부터 쌀로 만든 액세서리, 쌀과 벼 이야기를 담은 그림책, 쌀을 주제로 한 유리 공예, 다큐멘터리 영화와 들판에서 열리는 음악제까지, 이제 쌀이 새로운 창작의 원천이 되는 세상을 우리는 살아가고 있다.

그림책 『모모모모모』(2019년, 향출판사)는 그런 예술적 시도의 대표적인 사례다. 밤코 작가가 쓰고 그린 이 책은 '벼의 한살이'라는 다소 평범할 수 있는 주제를 언어유희와 그림책만의 독창적인 표현 방식으로 풀어냈다. "모모모모모, 내기

내기내기, 벼벼벼벼벼, 벼피벼피벼피~"와 같이 벼농사의 각 단계를 연상시키는 독특한 말놀이로 이야기를 전개하며. 모내기, 김매기, 벼의 성장, 수확과 같이 벼가 한 톨의 쌀이 되기까지의 과정을 간결하고도 명확하게 재창조했다. 글자가 그림처럼 느껴지기도 하고, 마치 멜로디처럼 귀에 내려앉기도 한다. 이 책은 2021년에 세계 최대의 아동도서전인 볼로냐 아동도서전에서 선정하는 '볼로냐 라가치상' 논픽션 부문에서 스페셜 멘션(Special Mention)을 수상했다. 한국어의 언어유희가 해외에서, 그것도 '그림책의 노벨상'이라고 불리는 상의 심사위원들로부터 그 가치를 인정받았다는 사실만으로도 이 책의 시각적, 구성적 완성도가 얼마나 뛰어난지를 짐작할 수 있다.

논 위의 영화, 사람의 얼굴 •

쌀과 벼는 때로 영화의 주인공이 되기도 한다. 다큐멘터리 영화 「미인」은 두 농부의 삶을 따라가며 쌀의 과거와 현재, 미래를 조명하는 영화다. 여기서 '미인'은 '쌀 미(米)'와 '사람 인(人)'을 써서 '쌀을 다루는 사람', 즉 '농부'를 의미한다.

이 영화에는 두 명의 농부가 등장한다. 먼저 아버지로부터 가업을 이어받아 농사를 짓고 있는 청년 농부 남호현은 농업용 드론과 같은 신기술을 도입하는 식으로 미래 농업을 고민하지만, 새로운 기술이 가져다주는 시행착오와 숙제에 직면해 있는 인물이다. 반면 토종벼 농부 이근이는 주말 농사로 시작했다가 농사의 매력에 빠져들어, 기계보다는 손으로 직접 벼를 만지며 경작하는 소농의 삶을 살아간다. 이 책에서도 여러 차례 소개한 〈우보농장〉의 대표가 바로 이 사람이다.

닮은 듯 다른 삶을 살아가는 이 두 농부는 각자의 방식으로 우리 쌀을 지키며, 삶과 자연을 연결한다. 영화는 쌀이 자연의 일부이자 인간에게 생명의 힘을 전해주는 존재임을 강조하며, 쌀이 우리에게 미치는 영향과 역사, 문화, 산업으로서의 의미를 다양한 관점에서 풀어낸다.

4년 동안 촬영된 이 영화는 대자연이 선사하는 사계절의 풍경을 환상적인 촬영 기술로 담아냈다. 또한 국악과 클래식을 넘나드는 음악이 영상과 어우러져 관객에게 마치 한정식을 눈과 귀로 맛보는 듯한 시각적, 청각적 즐거움을 선사한다. 기존의 농업 관련 다큐멘터리가 영상에만 중점을 두었다면, 「미인*ㅅ」은 딱 어울리는 음향 작업까지 더해져 영상에 대한 집중도를 높였다는 평가를 받는다.

한 톨이 빚는 예술 •

쌀이 축제가 되고, 들판이 공연장이 되는 사례도 있다. 벼 수확을 마친 평택의 들판 한가운데에서 열리는 〈공간미*학〉의 전시와 공연, 음악제가 대표적이다. 〈공간미*학〉을 만들어 운영하고 있는 전대경 대표의 기획력은 언제나 놀라움을 주고, 많은 배움을 남긴다. 여기서 개최하는 'Life of Rice'라는, 쌀의 일대기를 시각과 청각으로 구현한 전시회는 특히 인상적이다. '오막쌀이'라는 햅쌀 막걸리 축제도 흥겹고, 신리마을의 이야기를 담은 사진집 『쌀을 닮다』도 깊은 울림을 준다.

서울 종로구 혜화로터리 인근에는 〈짚풀생활사박물관〉이 있다. 여기에서는 토종벼 전시와 예술의 경지에까지 이른 다채로운 볏짚 공예, 그리고 아이들이 좋아할 만한 볏짚 물고기 만들기 체험을 마음껏 즐길 수 있다. 말이 난 김에, 2025년에 '토종벼와 쌀의 미래'를 주제로 〈동네정미소〉가 기획한 워크숍이 열린 곳도 바로 이곳이다.

3부_ 쌀의 풍경, 한국을 걷다

　쌀을 테마로 작품 활동을 하는 예술가들도 있다. 부산의 쌀 액세서리 브랜드 '왠지'는 쌀을 주재료로 쌀알 하나하나를 디자인하여 작품으로 만든다. 곡식이 가진 풍요와 번영의 의미를 담아 만든 목걸이, 귀걸이, 팔찌 등은 한국의 전통적인 미감을 현대적으로 재해석한 작품들이다.

　2024년 파주 헤이리 '페들라 백야드 마켓'에서 만난 강현지 작가는 유리와 빛을 매개로 스테인드글라스 공예 속에 햇살의 서정을 담아내는 작품 활동을 활발히 벌이는 예술가다. 그는 같은 해 11월 서울 성수동 〈성수미술관〉에 〈동네정미소〉가 마련한 팝업 공간에서 쌀을 테마로 한 작은 전시를 연 적이 있다. 그뿐만 아니라 마포구 서교동의 〈아트스페이스공작〉에서 24절기의 빛과 생명의 변화를 연결하는 전시 기획전을 열기도 했는데, 그의 작업은 햇빛과 유리, 곡물 사이의 조화를 탐구하는 예술적 실험이다.

한편 죽공예를 하는 구름 작가는 경기도 양평 두물머리 시장에서 "농사를 지어야 밥을 먹지"라는 제목 아래 실크스크린을 활용한 쌀 그림 체험 프로그램을 운영한 바 있다. 티셔츠, 에코백, 손수건 같은 소재를 가져오면, 작가가 제작한 쌀 모양의 실크스크린 도안을 활용해 원하는 그림이나 문구를 새겨 자신만의 티셔츠, 손수건을 만들어보는 체험이다. 이 외에도 그는 농사 달력을 만들기도 하고, 쌀과 농사를 주제로 한 예술 실험을 꾸준히 이어가고 있다.

4부

쌀의 풍경, 아시아를 걷다

쌀의 품격이
삶을 바꾸다

- 아코메야와 스즈노부 쌀가게(일본)

일본 도쿄 긴자의 번화한 거리 한복판, 고층 빌딩과 명품 매장들 사이에서 몇 걸음만 벗어나면 뜻밖의 공간이 펼쳐진다. 이름은 아코메야(アコメヤ). 겉보기에는 쌀가게지만, 실은 쌀을 매개로 음식, 생활, 취향, 그리고 삶의 방식을 제안하는 쌀 전문 편집숍이다.

내가 이곳을 처음 찾은 건 2017년 5월의 일이었다. 당시 나는 40대 중반 이후 삶의 이정표를 '쌀'로 정하고, 〈동네정미소〉을 열기 위해 나름의 준비를 해가던 중이었다. 그런데 막상 일을 저지르려고 하니 너무나 막막했다. 주위 어디를 둘러봐도 내가 참고하고 따를 만한 본보기가 없었기 때문이다. 그렇게 혼자 머리를 싸매고 있을 무렵, 누군가 지나가는 말로 한마디 툭 던졌다. "그럼 아코메야에 한번 가보세요."

긴자의 골목에서 만난 쌀의 반전 •

그 말 한마디를 실마리 삼아 나는 지푸라기라도 잡는 심정으로 도쿄행 비행기에 몸을 실었고, 바로 〈아코메야〉 긴자점으로 발길을 향했다. 당시 긴자점은 대로변에서 벗어난 골목에 있는 아담한 2층 건물에 자리하고 있었다. 그 앞에 다다르자마자 혹시 내가 잘못 찾아온 건 아닐까, 순간 혼란스러웠다. 우리가 흔히 상상하는, 그러니까 뭔가 촌스러운 간판에 쌀가마니가 쌓여있는 여느 쌀가게의 외양과는 다르게, 마치 고급스러운 옷이나 가구를 팔 것만 같은 세련되고 현대적인 모습을 갖추고 있어서였다. 아, 바로 이거다 싶었다. 쌀집이 다 거기서 거기지 뭐, 하는 일반적인 예상을 뒤집어엎는 반전을 주자. 그렇게 나는 〈동네정미소〉의 초창기 밑그림을 〈아코메야〉에서 그렸다.

그런 이유로 그해 나는 긴자점을 두 차례나 방문했다. 그리고 2024년에는 밥 소믈리에 시험을 마치고 나서 같은 도쿄에 있는 라카구점을 찾았다. 그사이 〈아코메야〉는 한층 더 진화해 있었다. 다양한 쌀 패키지 상품에서부터 일본의 제철 밥상, 쌀로 만든 다양한 가공품에 이르기까지 쌀은 여전히 중심에 있었지만, 이제는 술과 반찬, 장류는 물론 밥그릇, 뷰티 제품, 가구, 캠핑용품까지 함께 자리하고 있었다. 쌀이라는 곡물을 매개로 하나의 라이프스타일 세계를 구축하고 있었고, 그 세계는 촘촘하면서도 놀랍도록 감각적이었다.

2개의 층으로 나뉜 가게의 1층은 갓 도정한 여러 품종의 쌀을 소량으로 포장하여 판매하는 공간이다. 매장에는 수십 종의 쌀이 진열되어 있고, 고객의 취향에 맞춰 도정도까지 조절해 준다. 쌀의 품종, 산지, 도정률에 따라 맛이 어떻게 다른지를 경험할 수 있게 도와주는 시스템이다. 마치 커피 원두를 고르듯 쌀을 선택하게 하고, 하나하나의 패키지에는 '맛의 계보'를 정리해 놓았다. 단순한 구매가 아니라 '쌀을 고르는 경험'을 판다는 점에서 무척 인상 깊었다.

매장 안쪽에는 '아코메야 키친(Akomeya Kitchen)'이라는 레스토랑이 함께 운영된다. 여기서는 〈아코메야〉에서 판매하는 쌀로 지은 밥과 제철 식재료로 만든 일본 가정식을 맛볼 수 있다. 고객은 백미, 현미, 잡곡 중에서 밥의 종류를 선택할 수 있고, 밥은 갓 지은 상태로 제공된다. 리필도 가능하다. 특히 잡곡밥의 식감은 탁월했다. 씹을수록 은은하게 퍼지

는 고소함과 균형 잡힌 질감은 평소 먹던 밥과는 전혀 다른 차원의 것이었다. 한마디로 이곳은 쌀에 따라 밥맛이 이렇게까지 달라질 수 있다는 걸 몸소 느낄 수 있는 공간이었다.

쌀로 가늠하는 감사의 무게•

〈아코메야〉는 그저 물건과 음식을 파는 데에만 그치지 않는다. 쌀맛 구별 클래스, 쌀 큐레이션 강연회, 계절별 이벤트와 같은 프로그램을 통해 쌀에 대한 입체적 경험을 제공한다. 쌀을 고르고, 맛보고, 배우는 모든 과정이 하나의 여정처럼 구성된다. 쌀이라는 일상적 재료에 감각과 이야기를 입히는 방식은 그 자체로 예술적이다.

〈아코메야〉는 원래 가구를 수입하는 회사로 출발해 생활 잡화, 패션 등으로 사업 영역을 넓힌 (주)사자비 리그(Sazaby League)라는 기업이 2013년에 시작한 프로젝트다. 이 기업은 스타벅스 재팬, 론 허먼, 셰이크쉑 등의 다양한 글로벌 브랜드를 일본에 도입한 것으로도 유명한데, 그와는 반대로 해외의 제품이 아닌 '和', 즉 일본 고유의 것을 다뤄 보고 싶다는 생각에 〈아코메야〉를 론칭한 것이었다. 이들은 "쌀로부터 시작되는 삶"이라는 콘셉트 아래 일본인의 정체성과 식문화의 근간을 현대적으로 재해석해 냈다.

〈아코메야〉에서 인상 깊었던 또 하나는 쌀을 선물하는 문화였다. 일본에서는 아기가 태어나면 아이의 몸무게만큼 쌀을 포장해 선물하고, 결혼식 때도 본인이 태어났을 때의 몸무게에 해당하는 무게의 쌀을 부모님께 감사의 의미로 드린다. 생명과 감사, 공동체가 연결되는 상징적 선물이다. 우리나라에서도 미역과 쌀을 선물하는 문화가 있지만, 일본은 그 상징을 좀 더 정제된 패키지와 이야기로 완성해 낸다. 〈아코메야〉에서는 실제로 그런 전통을 반영한 포장 쌀을 판매하고 있었고, 쌀은 하나의 곡물을 넘어 감사의 메시지이자 선물의 언어가 되어 있었다.

〈아코메야〉는 도쿄 라카구, 시부야 등에 30여 군데 매장을 운영하고 있으며, 온라인을 통해서도 상품을 구매할 수 있다. 다만 내가 처음 방문해 영감을 얻었던 긴자점은 아쉽게도 현재는 문을 닫은 상태다. 어쨌든 〈아코메야〉는 쌀 소비 감소라는 산업적 어려움 속에서도 '쌀'이라는 본질에 집중하고, 이를 중심으로 한 새로운 라이프스타일을 제안하며 성공적인 비즈니스 모델을 구축한 사례로 평가받고 있다.

별을 단 가슴으로 밥맛을 가꾸다

한편 도쿄에는 인상 깊은 쌀 명소가 하나 더 있다. '쌀 마이스터 5성'이라는 칭호를 보유한 〈스즈노부(スズノブ) 쌀가게〉다. 이곳은 일본 전역의 다양한 쌀 품종을 엄선해 판매하며, 경력과 시험을 통해 획득한 쌀 마이스터 자격이 신뢰를 더해 준다.

일본의 '쌀 마이스터(お米マイスター)'는 쌀에 대한 전문적인 지식과 기술을 갖춘 전문가를 인증하는 제도이다. 수습공에서 출발해 도제를 거쳐 장인을 육성하는 직업 교육 제도인 독일의 마이스터 제도에서 영향을 받았으며, 〈일본미곡소매상업조합연합회(日米連)〉가 주관한다. 인증을 받은 쌀 마이스

터는 품종, 산지, 재배 방법, 도정 기술, 보관 방법, 요리에 따른 쌀의 선택, 맛있는 밥을 짓는 법 등 쌀에 관한 모든 분야에 걸쳐 깊이 있는 지식을 갖추었음을 공인받는다.

쌀 마이스터는 3성(三つ星)과 5성(五つ星)으로 나뉜다. 3성 마이스터는 쌀과 관련된 직업에 5년 이상 종사한 경험이 있는 사람이 응시할 수 있으며, 쌀에 대한 기본적인 지식과 감별 능력을 평가한다. 5성 마이스터는 3성 마이스터 자격을 취득한 후 응시할 수 있는 최고 수준의 자격이다. 필기시험 외에도 감정, 관능 평가, 블렌딩, 교육과 같은 고도의 기능 시험이 포함되며, 쌀의 산지, 품종, 혼합 비율, 생산 연도 등을 체계적으로 관리하고 평가하는 능력을 갖추어야 한다.

이들은 소비자의 기호, 요리 목적, 예산 등에 맞춰 최적의 쌀을 추천하고, 맛있는 밥을 짓는 방법을 제시한다. 예를 들어 김밥용, 초밥용, 볶음밥용과 같이 용도에 맞는 쌀 품종과 레시피를 제공하고, 여러 품종의 쌀을 혼합하여 특정 요리에 최적화된 맛을 내거나, 쌀의 단점을 보완하고 풍미를 극대화하는 블렌딩 기술을 개발한다. 쌀의 신선도 유지, 올바른 보관 방법을 지도하며, 쌀에 대한 올바른 지식을 알리고, 쌀 소비를 촉진하는 활동을 펼치는 등 생산자와 소비자를 연결하는 가교 역할을 하고 있다. 마이스터 가운데는 생산 현장을 직접 방문해 농업인들에게 재배 기술을 지도하는 경우도 있다.

쌀을 자랑스러워하는 나라 •

일본인들의 쌀에 대한 자부심은 호텔에서도 목격된다. 니가타에서 묵었던 한 비즈니스호텔에서는 엘리베이터 안에 조식용으로 준비된 두 품종의 쌀, 구체적으로는 이와후네산과 우오누마산 고시히카리를 비교 체험하라는 안내 문구가 붙어 있었다. 그 옆에는 "이 쌀은 ☆☆☆ 쌀 마이스터가 생산하고, 추천했습니다"라는 문구도 함께였다. 쌀이 주인공인 아침 식사. 한국에서는 미슐랭 레스토랑에서도, 파인 다이닝에서도 쌀에 대한 이런 자부심을 찾아보기는 어렵다. 우리나라도 쌀이 주식인데, 정작 '쌀을 자랑하는 밥집'은 찾아보기 힘들다는 점이 떠올라 왠지 씁쓸했다.

나는 언젠가 서울 명동 한복판에 현대적인 콘셉트의 쌀 편집숍이 생긴다면 어떤 모습일지 상상해 보곤 한다. 일본의 〈아코메야〉처럼 말이다. 한국의 거리에는 커피전문점, 치킨집, 편의점이 가득하지만, '쌀'이라는 테마를 중심으로 삶을 풀어내는 공간은 여전히 드물다. 민간 기업이 홀로 이끌기 어려운 일이라면, 지자체나 공공기관이 함께 나설 필요도 있겠다. 왜냐하면 우리에게 쌀은 단지 식량이 아니라 문화이고, 정체성이며, 지속 가능한 농업의 출발점이기 때문이다.

쌀이 그저 '밥'의 원재료가 아니라, 삶의 품격을 높이는 요소가 될 수 있음을 일본은 이미 보여주고 있다. 우리는 언제쯤 쌀을 단순한 곡물이 아닌 하나의 라이프스타일 브랜드로 바라보게 될까? 그 변화는, 어쩌면 〈아코메야〉 같은 가게 한 곳에서 시작될지도 모른다.

8대째 이어온 밥집과 밥솥 회사의 식당

- 하치다이메 기헤이와 조지루시 키친(일본)

역시나 도쿄 긴자의 한 골목에 있는, 겉보기엔 평범해 보이는 작은 식당. 하지만 문을 열고 들어선 그곳에서 나는 '밥'이라는 소재가 얼마나 다채로운 감각을 불러일으킬 수 있는지를 체험했다. 이곳의 이름은 하치다이메 기헤이(八代目儀兵衛). 1878년 교토에서 시작해 8대째 가업을 이어오고 있는 쌀집이자 밥집이다.

2024년 여름, 나는 도쿄 긴자점의 저녁 코스를 예약해 방문했다. 공간은 크지 않았지만, 그 안에서 경험한 밥 퍼포먼스는 한 끼 식사를 훌쩍 넘어서는 문화 체험에 가까웠다. 이 식당의 테이블 위에는 말 그대로 '쌀을 중심으로 구성된 한 편의 이야기'가 차려진다.

벼 이삭의 재치와 누룽지의 반전 •

 식사의 시작은 다소 낯설었다. 밥이 완전히 익기 전, 그러니까 갓 뜸을 들이기 직전의 상태인 '미완성의 밥'이 먼저 등장한 것이다. 어, 이거 뭐지? 아직 덜 익은 쌀알이 입안에서 씹히는 순간 나는 크게 한 방 얻어맞은 것 같았다. 아, 쌀이 익어가는 그 찰나의 순간을 체험하게 하려는 거구나. 벌써부터 감탄이 흘러나왔다.

 이어서 등장한 상차림에는 메인 요리와 함께 벼 이삭을 통째로 튀긴 장식이 대나무 통에 꽂혀 나왔다. 우리가 보통 먹는 튀밥처럼 튀긴 쌀알만 나오는 게 아니라, 잎과 줄기까지 모양을 그대로 살린 이삭 팝콘을 내오는 것 자체가 재치 넘치는 장식품을 감상한 듯한 느낌을 준다. 또한 장식인 동시에 요리의 한 부분을 당당히 차지한 음식이었으며, 벼의 원형을 감각적으로 되살린 연출이었다.

도자기 그릇에 담긴 밥을 다 비우고 난 뒤에는 셰프가 밥솥에 달라붙은 누룽지를 보여준 뒤 주걱을 이용해 모양 그대로 예쁘게 떠서 접시에 거꾸로 담는 퍼포먼스를 펼친다. 그러면 우리는 탄 부분이 위로 봉긋하게 올라온 누룽지를 젓가락이나 손으로 뜯어먹는다. 일본에는 누룽지를 먹는 문화가 없을 거라는 내 짐작은 그렇게 산산이 부서졌다. 그날 입에서 바삭하게 바스러진 누룽지 조각처럼 말이다.

이 모든 과정은 〈하치다이메 기헤이〉에서 자체 개발한 도자기 밥솥과 오랜 경험으로 완성된 레시피 덕분에 가능했다. '가이세키'라고 부르는 코스 요리와 디저트도 그 자체로 훌륭했지만, 그 중심엔 언제나 '밥'이 있었다. 게다가 식사를 마치고 나갈 때는 일곱 가지 품종을 블렌딩한 하치다이메 시그니처 쌀 패키지까지 선물로 준다. 밥을 먹는 경험을 넘어 쌀과 밥에 대한 철학을 손님이 가져가게끔 하는 것이다.

〈하치다이메 기헤이〉는 본점이 있는 교토에서도 가이세키 요리를 운영하며, 그 이름도 인상적이다. 바로 코메츠쿠시

(米つくし), 즉 '쌀에 대한 모든 것'이란다. 우연이지만, 내가 〈동네정미소〉에서 기획했던 슬로건 중 하나도 바로 '쌀에 대한 모든 것'이었다. 이름만으로도 이 공간의 정체성을 정확히 말해준다.

밥맛을 지배하는 진격의 거인들 •

도쿄역 인근의 〈마루노우치〉라는 복합문화공간에는 또 다른 흥미로운 '밥의 세계'가 존재한다. 바로 〈조지루시 키친(Zojirushi Kitchen)〉, 한국에서는 '코끼리 밥솥'이라는 이름으로 더 잘 알려진 밥솥 브랜드의 식당이다.

과거 해외여행이 자유롭지 않던 시절, 출장이나 유학으로 일본에 다녀온 친척에게서 코끼리 밥솥을 턱 하니 선물 받으면 어깨에 절로 힘이 들어가고, 주변에 막 자랑하고 싶어 안달이던 시절이 있었다. 전설의 밥솥이 식당을 열었다니, 그냥 지나칠 수 없었다.

〈조지루시 키친〉은 자사의 밥솥으로 지은 밥을 일본식 세미 정식과 함께 판매하는 식당이다. 각 지역 쌀을 활용한 일본 가정식 스타일의 식사가 제공되며, 도시락 주문도 가능하

다. 밥솥 회사가 직접 밥이 맛있는 식당을 운영한다는 사실만으로도 신선했지만, 실제 식사는 그 이상의 만족감을 준다. 밥이 주인공인 식당이라는 점에서 〈하치다이메 기헤이〉와도 통한다.

또한 이 식당 역시 자체 쌀 브랜드 패키지를 출시하고 있었다. 가전제품을 만들어 판매하는 회사에서 출발해 이제는 밥이 주는 감동까지 큐레이션 하는 브랜드의 진화를 엿볼 수 있는 대목이다.

이런 흐름은 비단 조지루시만의 것이 아니다. 최근에는 '죽은 식빵도 살린다'는 토스트 기계로 유명한 일본의 감성 브랜드 〈발뮤다(Balmuda)〉도 밥솥 시장에 뛰어들었다. 미니

멀한 디자인의 무압 중탕 방식 밥솥으로, 쌀 본연의 단맛과 식감을 살리는 점이 호평을 받고 있다. 나 역시 쌀 큐레이터 워크숍을 진행할 때 이 밥솥을 종종 사용한다. 이처럼 일본의 밥솥 브랜드들은 궁극의 밥맛을 향해 진격의 거인처럼 성큼성큼 나아가는 듯하다.

밥에게 공간을 주자 •

 그렇다면 우리는 어떤가? 자꾸 두 나라를 비교하고 같은 말을 반복해서 유감이지만, 한국에는 밥을 주제로 한 외식 브랜드가 그리 많지 않다. 만약 쿠쿠나 쿠첸 같은 밥솥 회사들이 밥을 주인공으로 한 공간을 운영한다면 어떨까? 기술로 완성된 밥솥에, 밥이 주는 따뜻함과 감동을 직접 전할 수 있는 식당. 그 가능성은 충분하다.

 밥은 기술로만 짓는 것이 아니다. 시간, 손길, 그리고 이야기가 함께한다. 밥 한 그릇 안에 담긴 쌀의 역사와 공간, 사람을 경험할 수 있는 곳이 더 많아지길, 나는 기대한다.

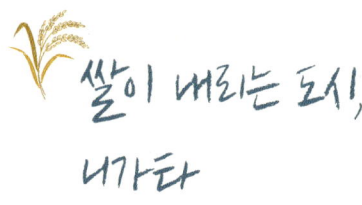
쌀이 내리는 도시, 니가타

– 설국의 기억과 사케의 향연(일본)

니가타.

이름은 익숙했지만, 처음엔 그저 눈이 많이 오는 일본 북부의 어느 지역 정도로만 알고 있었다. 그런데 막상 여행을 준비하면서, 그리고 발을 딛는 순간부터 이곳은 나에게 새로운 감각의 지도를 펼쳐 보이기 시작했다. 쌀의 고장, 사케의 고장, 설국의 고장―니가타는 이 세 표현으로 압축되는 복합적인 매력이 있는 도시였다.

설국의 문을 열다 – 니가타와의 첫 만남 •

2024년 3월 초, 일본 니가타현에서 열리는 대형 사케 박람회 '사케노진(酒の陣)'에 다녀왔다. 니가타현(新潟県)은 일본 열도의 중심축이자 본토에 해당하는 섬인 혼슈(本州)에서도 중앙에 자리 잡고 있으며, 동해를 따라 길게 펼쳐진 땅이다. 일본 최고의 쌀 생산지로 손꼽히며, 특히 대표적인 쌀 품종인 고시히카리의 고장으로서 말 그대로 '쌀의 땅'이다.

또한 니가타는 눈의 고장이기도 하다. "국경의 긴 터널을 빠져나오자, 설국이었다"라는 문장으로 시작하는 가와바타 야스나리의 소설 『설국(雪国)』의 무대가 바로 이 지역이다. 가와

바타 야스나리는 1968년에 일본인으로는 최초로 노벨 문학상을 받은 작가로, 일본의 전통적인 미의식인 '모노노아와레(物の哀れ)', 즉 덧없음과 애상 같은 정서를 작품 전반에 녹여냈다는 평가를 받는다. 그의 문학과 니가타의 눈, 그리고 쌀은 어느 순간 내 여행 속에서 하나로 연결되었다.

도쿄에서 신칸센 기차를 타고 약 1시간 반이면 닿을 수 있어 일본 국내에서는 당일치기 여행지로도 유명한 니가타현의 에치고유자와 지역에는 가와바타가 몇 년 동안 머물며 작품 활동을 했던 전통 숙박시설 료칸(旅館)과 '설국관'이 있다. 그가 글을 집필하던 료칸의 다다미 바닥에 직접 앉은 순간, 문장 너머로 그의 숨결이 느껴지는 듯했다. 설국관에서는 작가가 실제 사용한 숙소와 문학 자료, 사진을 관람할 수 있는데, 관람을 마치고 나올 때 지역 쌀이 기념품으로 제공된다.

쌀이 도시를 축제로 만든다 •

쌀에 대한 니가타의 자부심은 시내 중심부의 항만 지역에 있는 농수산물 시장인 〈피아반다이(ピアBandai)〉에서도 고스란히 느껴진다. 시장 안에 별도의 공간으로 마련돼 있는

쌀 판매대에서는 현장에서 도정 서비스를 제공하고, 소포장 패키지에는 역시나 생산자와 품종, 산지가 꼼꼼히 표기돼 있다. 현지 실정을 잘 모르는 이방인조차 기본적으로 신뢰할 수 있고, 취향에 맞는 쌀을 고르는 즐거움이 있다. 물론 즉석밥도 다양하게 갖추고 있어 여행자에게는 실용적이기도 하다. 시장 옆에는 쌀밥과 지역 식재료로 요리한 음식들을 맛볼 수 있는 식당이 즐비하고, 야외무대에서는 버스킹 공연도 열린다. 쌀이 도시의 일상을 축제로 바꾸는 느낌이었다.

다음으로는 쌀을 맛보고, 사고, 이야기하는 공간에서 한 걸음 더 나아가 사케의 세계로 향했다. 니가타역 안에 자리한 〈폰슈칸(ぽんしゅ館)〉은 일본식 청주인 니혼슈(日本酒)를

체험할 수 있는 공간이다. 동전을 넣고 100종에 가까운 니혼슈 가운데 하나를 선택해 작은 잔에 맛보는 방식이다. 각각의 술에는 산지, 향미, 어울리는 음식이 적힌 카드가 함께 제공된다. 나는 이 카드들을 고이 챙겼다. 이제 나만의 사케 도감이 생긴 셈이다.

그리고 드디어 사케 애호가들이 손꼽아 기다리는 일본 최대의 사케 축제 중 하나인 사케노진 현장을 찾았다. 입장료가 한화로 약 35,000원 정도라 다소 비싼 감이 있지만, 80여 개 양조장의 500종에 달하는 사케를 3시간 동안 무제한 시음할 수 있는, 진정한 사케의 향연이었다. 행사장 곳곳에서는 "간빠이(건배)!" 소리가 끊이지 않았고, 그 광경을 지켜보고 있노라면 사케에 대한 일본인들의 애정과 자부심이 고스란히 전해졌다. 그리고 그들의 확고한 믿음, '좋은 쌀이 좋은 술을 만든다'라는 철학이 피부로 와닿았다. 물론 술이 너무 훌륭한 나머지 연거푸 여러 잔을 들이킨 끝에 취해 비틀거리거나, 양복을 입은 채 아예 대자로 뻗어버린 방문객도 심심찮게 생겨나는 부작용이 있긴 했지만 말이다.

사케 양조장 투어도 빼놓을 수 없다. 니가타역 근처의 〈이마요츠카사(いまよつかさ)〉 양조장은 미리 예약을 하면 무료 테이스팅과 함께 양조장 내부를 둘러볼 수 있다. 1만 엔을 내

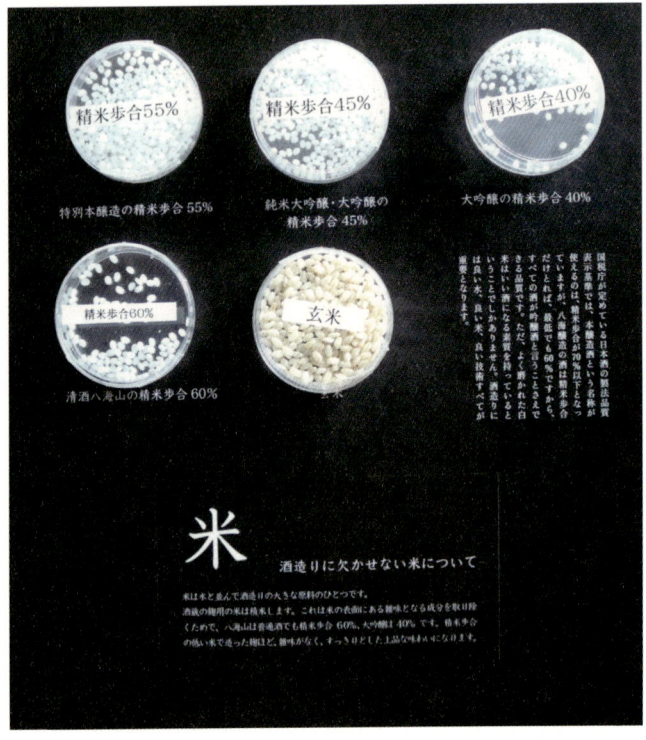

면 프리미엄 사케도 맛볼 수 있는데, 30분 동안 수십 종의 고급 사케를 맛볼 기회다. 양조장에서는 사케 말고도 사케 아이스크림까지 판매되고 있어 약간 불쾌해진 속을 시원하게 다스릴 수도 있다.

또 하나 인상 깊었던 곳은 니가타에서 가장 유명한 양조장 중 하나인 〈핫카이산(八海山)〉 양조장이다. 이곳에는 '설실(雪室)'이라 불리는 독특한 냉장 공간이 있다. 눈을 가득 채워 만든 이 공간은 마치 조선시대에 얼음을 저장하던 시설인 동빙고, 서빙고처럼 전통적인 방식으로 술을 차갑게 보관하는 장소다. 고요하고 차가운 설실에 들어서자, 술은 곧 '살아 숨 쉬는 쌀'이라는 생각이 뇌리를 스쳤다. 잘 브랜드화된 쌀과 눈, 그리고 사케는 그렇게 지역을 살리고 있었다.

It's raining rice... 설국의 기억 •

이처럼 니가타는 쌀이 곧 도시의 정체성이다. 그들은 자신 있게 쌀을 전면에 내세우고, 그것을 술과 문화, 관광, 문학과 연결시켰다. 나는 눈 쌓인 에치고유자와 거리를 걸으며 이렇게 혼자 중얼거렸다.

"내리는 눈이 마치 쌀알 같네. It's raining rice..."

좋은 쌀이 좋은 밥을 만들고, 좋은 술을 만든다. 니가타는 쌀을 단지 주식으로만 바라보지 않는다. 이곳에서 쌀은 삶을 살아내는 방식이자 공동체의 언어가 되어 있었다. 이 도시는 나에게 쌀을 품은 여행의 본질을 다시 생각하게 했다. 그리고 내게 다시 돌아가고 싶은 글로컬이 되었다. 참으로 기분 좋은 쌀 여행이었다.

당신도 한번 떠나보시라. 5월까지 스키를 탈 수 있는 설국의 풍경, 따뜻한 온천과 깊은 향의 사케, 그리고 그곳 사람들의 삶을 지탱하는 쌀을 만날 수 있다.

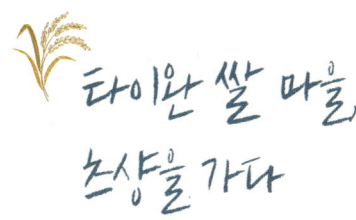
타이완 쌀 마을, 논상을 가다

- 세 겹의 역사와 쌀로 이어진 길(타이완)

    타이완의 쌀 문화는 다양한 역사적 층위가 겹치며 형성되었다. 원주민들의 전통적인 농경 문화 위에 일제 식민 시기의 강제 개량과 일본식 재배 방식이 가미되었고, 1949년 국민당과 공산당 간의 국공내전 이후 대륙에서 대거 건너온 약 200만 명의 국민당 군인과 지지자들에 의해 새로운 식문화와 농업 시스템이 추가로 더해졌다. 이 세 가지 흐름이 뒤섞이며 오늘날 타이완의 쌀 문화가 자리를 잡게 된 것이다.

세 겹의 역사로 빚어진 쌀 문화•

원래 타이완 원주민들은 쌀을 주식으로 하되, 부족한 식량을 보충하기 위해 고구마, 감자 등 다양한 구황작물과 채소로 식단을 보완했다. 쌀은 귀한 식량이었고, 대부분 사람들은 양질의 쌀밥을 매일 먹기가 어려웠다. 그러던 1895년, 청일전쟁의 결과로 타이완은 일본 제국의 식민지가 되었다. 이후 반세기 동안 일본은 타이완에 과학적 농법을 도입하고, 관개 시설을 확충하며, 대규모 품종 개량을 추진했다. 타이완을 일본 본토의 식량 기지로 만들기 위한 전략이었다. 그 결과 타이완에서 생산된 '남방미(南方米)'는 일본 본토로 대량 수출되며 타이완 쌀의 명성을 쌓아갔다.

 하지만 화려한 외형과 달리, 식민지 백성의 현실은 고단했다. 쌀은 오직 일본으로의 수출을 위한 것이었고, 정작 농민들은 자신이 재배한 쌀을 입에 대기 어려웠다. 오히려 고구마나 수수, 감자가 그들의 주식이 되었고, 쌀은 특별한 날에나 허락된 사치였다. 이제 쌀은 풍요의 상징이 아닌, 수탈과 불평등의 상징이 되었다.

 1945년 해방 이후, 타이완의 농업은 새로운 국면에 접어든다. 특히 1949년 국공내전의 여파로 수백만 명의 중국 본토인들이 국민당 정부와 함께 타이완으로 이주하면서 사회 구조와 식량 수요가 급변한다. 갑작스러운 인구 증가는 정부에 식량 안보를 절실하게 요구했고, 쌀은 다시 한번 국가적 핵심 작물로 부상한다.

이 시기 정부는 쌀 자급자족을 최우선 목표로 설정하고, 토지 개혁과 농업 장려 정책을 대대적으로 실시했다. 동시에 중국 대륙 출신들을 뜻하는 외성인(外省人)의 유입은 타이완 식문화에 북방식 만두, 죽, 찹쌀 요리 등 다양한 쌀 요리를 유입시키며 요리 문화의 다층화를 이끌었다. 그 결과 쌀은 단지 생존을 위한 식량을 넘어 정체성 통합과 문화 융합의 매개체로 기능하기 시작했다.

유물 속에 남은 음식의 기억 •

이처럼 타이완 사회는 전통과 외래 요소가 뒤섞이며 독특한 생활 문화를 형성해 왔고, 이는 식생활뿐 아니라 문화유산의 구성에도 그대로 반영된다. 특히 국공내전이라는 격동의 역사 속에서 타이완으로 옮겨진 중국 황실 유물들은 타이완의 정체성과 문화적 자산으로 자리 잡았고, 그 대표적인 공간이 바로 〈국립고궁박물원(國立故宮博物院)〉이다.

타이완의 〈국립고궁박물원(國立故宮博物院)〉은 방대한 중국 역사 유물을 소장한 것으로 특히 유명하다. 국공내전이 시간이 갈수록 공산당에 유리한 방향으로 흘러가자, 장제

스의 국민당 정부가 타이완으로 퇴각하는 과정에서 무려 3,000여 상자 분량의 유물을 함께 실어 날랐기 때문이다. 그중에서도 음식과 관련된 '3대 보물'은 방문객들의 필수 관람 코스로 꼽힌다.

맨 먼저 취옥백채(翠玉白菜)는 배추 모양으로 조각된 옥(玉) 예술품이다. 이는 청나라 광서제의 비(妃)인 근비(瑾妃)가 시집을 때 가져온 혼수품이라는 설이 유력하며, 순결과 다산을 기원하는 의미를 담고 있다. 다음으로 육형석(肉形石)은 대표적인 중국 음식인 동파육(東坡肉)과 똑같이 생긴 돌 조각품이다. 이 돌은 인공적인 조각이 아닌 천연 석회암으로, 오랜 지질 활동을 통해 자연적으로 층층이 쌓여 형성된 색깔과 질감이 마치 윤기 나는 비계와 살코기가 겹겹이 있는 돼지고기처럼 보인다. 특히 상단에는 양념이 배어든 고기 껍질처럼 보이도록 최소한의 가공과 염색이 더해졌다고 한다. 마지막으로 모공정(毛公鼎)은 서주(西周) 시대에 만들어진 거대한 청동 솥으로, 고궁박물원이 소장한 청동기 중에서 가장 크고 무거운 축에 속한다. 하지만 이 보물이 특별한 진짜 이유는 바로 솥 안쪽에 새겨진 497자에 달하는 명문(銘文)이다. 이는 서주 시대의 중요한 역사적 사건과 정치 상황을 상세하게 기록하고 있어, 당시의 역사를 연구하는 데 매우

귀중한 자료로 평가받는다.

루러우판에서 츠샹까지, 쌀로 이어진 길 •

음식이 예술과 유물로까지 승화된 이 공간을 경험하면, 이제 다시 타이완 사람들의 식탁으로 눈길을 돌리게 된다. 오늘날 타이완의 대표적인 쌀 요리 가운데 가장 대중적인 것은 단연 루러우판(滷肉飯)이다. 타이완인들의 소울푸드라고도 할 수 있는 이 요리는 간장 베이스의 달콤짭짤한 양념에 돼지고기 삼겹살이나 다진 고기를 오랜 시간 졸여 부드럽게 만든 뒤, 따끈한 쌀밥 위에 얹어 먹는다. 고기와 함께 졸인 버섯, 달걀 등이 곁들여지기도 한다. 간단한 한 끼 식사로 최고이며, 타이완 어디에서나 맛볼 수 있다.

다음으로 지러우판(雞肉飯)은 가오슝이나 타이난 등 남부 지방의 대표적인 쌀 요리로서, 삶은 닭고기를 잘게 찢어 밥 위에 올린 뒤 닭 육수와 특제 소스를 뿌려 먹는다. 닭고기의 부드러운 식감과 감칠맛 나는 육수가 특징이다. 위판(芋飯)은 타이완식 토란밥이다. 쌀과 함께 잘게 썬 토란, 돼지고기, 버섯, 새우 등을 넣고 밥을 지어 구수한 풍미와 부드러운 식감을 더한다.

어자이판(蚵仔飯)은 굴밥이다. 신선한 굴을 쌀과 함께 볶거나 익혀 해산물의 풍미가 가득한 밥으로 만든 요리다. 미가오(米糕)는 찹쌀을 주재료로 하여 만든 찜밥이다. 찹쌀을 불려 쪄낸 후, 볶은 돼지고기와 버섯, 말린 새우 등을 섞어 만든다. 따뜻하게 데워 먹으며, 쫀득한 식감과 풍부한 감칠맛이 특징인데, 길거리 음식이나 야시장에서 흔히 볼 수 있다.

이처럼 쌀이 일상에 녹아 있는 타이완에는 아예 '쌀 마을'로 불리는 지역이 따로 있다. 바로 타이둥(台東)의 츠샹(池上) 마을이다. 이곳은 타이완에서 가장 품질 좋은 쌀이 나는 지역 중 하나로, '츠샹 쌀'이라는 이름만으로도 프리미엄 브랜

드로 통한다. 기차를 타고 츠상역에 내리면 귀여운 쌀 캐릭터 조형물이 관광객을 반기고, 역 근처 자전거 대여소에서는 투어용 자전거와 스쿠터를 빌릴 수 있다. 나는 그늘막이 있는 자전거를 선택했다. 시내를 벗어나면 곧 정갈한 아스팔트 길 옆으로 드넓은 계단식 논과 작은 호수가 펼쳐지는데, 그 사이사이에 설치된 예술 조형물들이 마을 풍경과 조화를 이룬다.

자전거를 타고 '라이스 로드'를 따라 바람을 가르며 달리다 보면 논뷰 카페에서 쉬어가며 커피 한 잔을 즐기고, 논밭 곳곳의 예술 작품들을 감상할 수 있다. 투어를 마치고 돌아오면 지역 농산물을 활용한 유기농 식당에서 건강한 한 끼를 맛보고, 로컬푸드 매장에서는 갖가지 쌀 패키지 상품과 쌀과자를 포함한 소소한 선물 세트를 살 수 있다. 쌀빵과 전통 음료를 파는 작은 카페들도 있고, 숙박시설이나 캠핑장이 마련되어 있어 하루쯤 묵어가며 마을을 천천히 느끼는 여행도 가능하다. 나는 당일치기로 다녀왔지만, 다음에는 꼭 하룻밤 이 마을에서 머물며 '쌀의 시간'을 충분히 누리고 싶다.

쌀은 말없이 사회를 잇는 다리 •

타이완에는 쌀을 문화와 라이프스타일의 중심으로 재해석한 브랜드도 존재한다. 대표적인 게 〈그린 인 핸드(Green In Hand)〉, 한자어로는 '장생곡립(掌生穀粒)'이라 불리는 독특한 쌀 편집숍이자 브랜드이다. 2006년 타이베이에서 시작된 이 브랜드는 '자연을 보고 느끼고 맛보는 손'이라는 이름처럼 농부의 손에서 시작되는 자연의 정직함과 타이완 땅이 주는 풍요로움을 중요한 가치로 여긴다. 쌀 한 톨 한 톨에 담긴 농부의 장인 정신과 타이완 사람들의 땅에 대한 깊은 이해를 표현하고자 했다.

이들은 화롄(花蓮)과 타이중(台中)을 비롯한 각지의 유기농 소농가들이 생산한 고품질의 쌀을 엄선하여 소개하고,

재생지 특유의 빛바랜 포장지 위에 한자 캘리그래피를 담아 '밥 선생(Mr. Rice)', '진실의 쌀(Truth Rice)', '걱정 없는 쌀(No Worry Rice)' 같이 톡톡 튀는 제품명을 새겨 넣어서 쌀에 개성과 스토리를 입힌다. 이러한 작지만 세심한 연출은 쌀을 하나의 작품처럼 느끼게 한다. 1.5kg이나 450g 등의 여러 용량으로 소포장 되어 있어 선물용으로도 인기가 많은데, 특히 결혼 답례품 디자인이 매우 인상적이다. 귀여운 신랑 신부 캐릭터가 결혼에 서약하는 도장에 기대어 서 있는 모습이 보는 사람들을 미소 짓게 한다.

포장지와 웹사이트에는 재배자의 실명뿐만 아니라 누가 수확하고 도정했는지, 어느 품종을 섞었는지, 사용된 비료는 무엇인지, 농업용수의 출처와 경작지는 어디인지, 가장 맛있게 밥을 짓는 법과 보관법에 이르기까지 무려 12가지가 넘는 정보가 세세히 기재되어 있다. 마치 농사짓는 친구가 선물로 건네주며 직접 적어준 듯 쉽고 자세하게 설명되어 있어 더더욱 신뢰가 간다.

이 브랜드는 쌀 외에도 쌀과 잘 어울리는 타이완산 차, 꿀, 쌀로 만든 화장품, 중화권 사람들 누구나가 좋아하는 작은 찐만두인 샤오룽바오를 먹을 때 사용할 수 있는 나무젓가락같이 타이완의 식문화와 라이프스타일을 담은 식기구와 관련 상품을 함께 판매한다. 타이베이의 직영 매장뿐 아니라 타이완의 대표 서점이자 라이프스타일 숍인 〈에슬리트(Eslite)〉 등에도 입점하여 더 많은 사람들에게 브랜드를 알리고 있다.

이렇게 타이완의 츠샹 마을과 〈그린 인 핸드〉는 쌀이 어떻게 예술, 농업, 디자인, 공동체, 그리고 인간의 감각과 기억을 아우르는 삶의 매개체가 될 수 있는지를 보여준다. 타이완에서 쌀은 말없이 사회를 잇는 다리다. 사람과 사람, 땅과 기억, 전통과 현재를 연결하는 고리다. 언젠가 우리 곁에도, 마음을 심고 쌀을 나누는 그런 마을이 생겨나기를 기대해본다.

내 인생의
퍼펙트 데이

- 치앙마이에서 만난 리틀 포레스트, 그랜마 홈 쿠킹 스쿨(태국)

    태국 치앙마이의 어느 햇살 좋은 아침, 나는 우연처럼 시작된 하루 속에서 완벽한 하루를 선물 받았다. 그날의 기억은 지금도 내 마음 한구석을 따뜻하게 데우는 한 편의 드라마 같은 장면으로 남아 있다. 나뭇잎 사이로 부드럽게 흘러내리는 햇살 사이로 허브와 쌀 내음이 아지랑이처럼 피어올랐다. 일본 만화를 원작으로 한 임순례 감독의 영화「리틀 포레스트」나 빔 벤더스 감독의「퍼펙트 데이즈」가 떠오를 정도로 그날 하루는 그 자체로 완성된 서사였다.

햇살에 물든 시장과 나만의 리틀 포레스트 •

치앙마이에 머물던 어느 날, '그랜마 홈 쿠킹 스쿨(Grandma's Home Cooking School)'이라는 이름의 유기농 쿠킹 클래스를 발견했다. 한국의 온라인 여행 플랫폼에서도 쉽게 예약할 수 있고, 치앙마이 시내 숙소에서 자동차로 픽업까지 해주는 친절한 시스템이었다.

오전 9시, 수업은 지역 농산물 시장을 둘러보는 것으로 시작된다. 가이드이자 셰프인 선생님은 우리 참가자들을 이끌고 시장을 돌아다니며 태국의 향신료와 채소, 과일, 쌀의 세계를 일일이 소개했다. 손끝으로 만져보고, 냄새를 맡고, 색을 비교하면서 재료를 익히는 그 시간은 마치 한 편의 음식

다큐멘터리를 눈앞에서 재현하는 듯했다. 평소 거래의 공간으로만 생각했던 시장이 전통과 문화가 흐르는 작은 아카이브라는 걸, 나는 그날 처음 실감했다.

시장을 벗어나 수업이 열리는 농장에 도착하자, 기대 이상의 풍경이 우리를 기다리고 있었다. 입구에 들어서면 푸른 잔디가 펼쳐지고, 작은 연못에는 물레방아가 정겹게 돌아가고 있었다. 또한 볏단으로 만든 크리스마스트리는 동남아의 뜨거운 날씨에도 새해가 다가오고 있음을 알려주었다. 나무 지붕 아래 사방이 시원하게 뚫려 있는 쿠킹 클래스 공간, 유기농 텃밭, 그 옆으로 일렁이는 작은 논, 그리고 논가에는 태국의 각종 쌀 품종이 귀여운 나무 상자에 가지런히 담겨 있었다. 이곳이 요리를 배우는 공간일 뿐만 아니라 쌀과 식재료의 삶을 함께 들여다보는 공간임을 깨닫게 해주는 구성이었다. 말 그대로 나만의 '리틀 포레스트'에 들어온 느낌이었다.

영화 같은 요리 수업 •

수업은 태국의 전통 가옥을 개조한 오픈 키친에서 진행된다. 정성껏 손질된 재료와 깔끔한 도구들이 가지런히 정돈된 1인용 요리 테이블에 한 사람씩 자리를 잡자, 셰프는 마치 잘 훈련된 배우처럼 군더더기 없이 레시피를 설명한다. 유머와 여유, 집중이 공존하는 그의 진행에서는 숙련된 대본 같은 흐름이 느껴졌다. 참가자 모두가 주인공이 되어 요리를 만들고, 웃고, 사진을 찍고, 감탄하는 그 풍경은 그 자체로 한 편의 영화 촬영 현장 같았다.

반나절 코스에서는 똠얌꿍, 팟타이, 카레, 이 3가지 메인 요리와 디저트로 망고밥(카오 니여우 마무앙)까지 만들 수 있다. 똠얌꿍은 태국을 대표하는 매콤하고 새콤한 맛의 새우 수프로, 레몬그라스와 라임 같은 허브와 갈랑가라는 쌉쌀한 맛의 향신료, 매운 고추 등이 어우러진 요리다. 신맛이 얼핏 김치찌개를 연상시켜 우리 입맛에도 잘 맞다. 팟타이는 숙주, 부추, 달걀, 해산물이나 고기에 타마린드 소스로 새콤달콤한 맛을 낸 불맛 나는 볶음 쌀국수이다. 카레는 강황이 들어간 옐로 카레, 바질이 들어간 그린 카레, 홍고추가 들어간 레드 카레 중에 선택할 수 있다.

하루 코스는 거기에 더해 밥 짓기부터 피쉬 소스인 남쁠라, 새우젓이라 할 수 있는 까피, 태국식 된장인 타오쟈오 등의 전통 장과 소스 만들기 같은 더 깊은 태국 요리 체험으로 확장된다. 이 모든 체험은 SNS에다 '퍼펙트 데이'라는 해시태그를 붙이고 싶어지는 순간들로 가득 차 있다. 그야말로 시각, 미각, 감각, 모든 것이 정제되어 있는 수업이었다.

수업이 끝나갈 무렵, 나는 농장 구석구석을 다시 둘러보았다. 볏짚으로 만든 크리스마스트리, 물레방아를 돌리는 작은 인형 조형물… 어쩌면 사소해 보일 수 있는 이 작은 디테일들이 이상하리만큼 오래도록 기억에 남는다. '사소한 것의 힘'이란 바로 이런 거겠지. 치앙마이에서의 그 하루는 내게 선물과도 같았다. 사람들은 자주 웃었고, 시간은 천천히 흘렀으며, 밥 냄새는 오래도록 머물렀다.

그날 수업이 진행되는 내내 문득문득 생각했다. 언젠가 쌀을 중심으로 이런 멋진 지역 밀착형 쿠킹 클래스나 체험 프로그램을 만들어보고 싶다는 생각 말이다. 서울 시내도 좋지만, 김포, 강화, 양평, 파주, 이천, 여주같이 수도권에 흩어져 있는 농촌 지역도 매력 있을 듯하다. 외국인 여행자에게 한국 쌀의 다채로움과 밥 짓기의 정성, 장 담그는 전통을 소개하는 공간이 있다면 얼마나 의미 있을까. 제철 채소를 재료로 한 비빔밥 같은 메뉴만으로도 만족도가 보장될 듯싶다.

사소한 것들이 남긴 오래된 기억 •

한편 해마다 12월 중순, 태국의 수도 방콕에서는 '타일랜드 쌀 축제(Thailand Rice Fest)'라는 가장 큰 쌀 축제가 열린다. 전국 각지에서 재배된 쌀 품종이 한자리에 모이고, 시식과 요리 시연, 쌀을 활용한 창의적인 가공식품과 공예품들이 소개되는 행사다. 농부와 요리사, 판매자들이 모여 교류하고, 쌀의 역사와 재배 과정을 알리는 교육 프로그램도 진

행된다. 이는 단지 쌀을 홍보하는 행사가 아니라 한 나라의 식문화와 정체성이 만나는 장이다.

더불어 북서부의 소수민족, 특히 타이(Tay)족을 중심으로 열리는 '신미 축제(New Rice Festival)'도 깊은 울림을 주는 전통이다. 매년 음력 9월~10월경에 열리는 이 축제는 햅쌀 수확을 기념하고 조상과 자연에 감사하며 풍년을 기원하는 자리다. 축제 기간에는 갓 수확한 햅쌀과 농산물로 정성껏 만

든 찹쌀떡과 술 등의 음식을 신과 조상에게 제물로 바치고, 무당이 가족과 공동체를 대표해 기도와 정화 의식을 통해 행운을 빌어준다. 쌀이라는 존재가 사람과 신을 연결하는 매개이자 삶 그 자체임을 다시금 깨닫게 하는 행사다.

최근에는 〈SISOD〉 같은 곡물 브랜드도 등장했다. 태국의 다양한 곡물을 현대적인 소포장과 세련된 편집숍 형태로 소개하고, "Eat, Live Better"라는 슬로건 아래 쌀 소비문화를 혁신하고 있다. 백화점, 쇼핑몰, 온라인까지 진출한 이들의 활동은 쌀이 전통을 딛고 내일로 나아가는 '지속 가능한 미래'라는 것을 보여준다. 먼 이국땅에서 〈동네정미소〉의 반가운 친구를 만난 기분이었다.

치앙마이에서의 그날 이후로 나는 '밥을 지으며 하루를 짓는 삶'을 다시 꿈꾸게 되었다. 고단한 도시의 일상에서 잠시 물러나 흙 내음과 허브 향기를 음미하며, 쌀이 밥이 되고, 밥이 이야기가 되고, 이야기가 하루를 완성하는 순환의 아름다움 속에서 나는 내 인생의 '퍼펙트 데이'를 만났다.

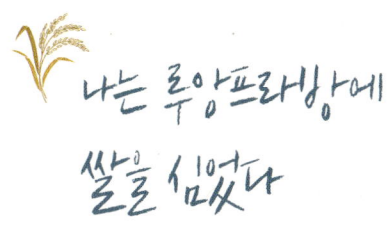
나는 루앙프라방에
쌀을 심었다

- 리빙 팜에서의 한 줄기 논길, 한 포기 벼의 기억(라오스)

탁발의 도시, 루앙프라방의 아침 •

 새벽 공기를 가르며 조용히 이어지는 탁발 행렬로 상징되는 도시, 루앙프라방. 언젠가 「꽃보다 청춘」이라는 예능 프로그램으로 유명해진 뒤로 한국인 관광객의 발길이 잦아진 곳이기도 하다. 2025년 1월, 나는 두 명의 친구와 함께 라오스 북부를 여행했다. 수도인 비엔티안에서 시작해 방비엥을 거쳐서 루앙프라방까지 돌아보는 짧고도 밀도 높은 여정이었다. 방비엥에서는 패러글라이딩과 카약 같은 동적인 체험과 펍 투어를 즐겼던 만큼, 루앙프라방에서는 요가와 명상, 탁발 같은 뭔가 정적인 것들을 경험하고 싶었다.

탁발은 불교에서 수행자가 그릇을 들고 다니며 신도들로부터 음식이나 생필품을 시주받는 행위로, 그 자체가 수행의 일환이자 무소유를 실천하는 방식이다. 아침 이른 시간에 수행자들이 마을이나 도시의 길을 따라 조용히 걸어가면, 그 앞에 쪼그려 앉은 신도들은 밥, 과일, 반찬같이 자신이 준비한 음식을 공손히 바친다. 이는 출가한 수행자와 재가자인 신도들의 삶을 연결하고, 공동체 안에서 서로 의지하는 불교적 삶의 구조를 상징한다. 원칙적으로 수행자는 주는 사람이 무엇을 주든 가리지 않고 받으며, 음식의 종류나 상태도 평가하지 않는다. 그것이 고기이든, 상한 음식이든 말이다. 초기 불교는 오늘날 채식만을 허용하는 우리나라 선불교의 전통과는 거리가 있기에 가능한 일이다. 이렇게 탁발로 받아 온 음식은 수행자끼리 나눠 먹고, 또 남은 음식은 가난하고 아픈 사람들과 나눈다고 한다.

그런데 이 고요한 도시에도 쌀을 테마로 한 살아 있는 체험장이 있다는 사실을 우연히 알게 되었다. 원래는 태국 치앙마이에서 경험한 쿠킹 클래스의 감동을 잊지 못해 루앙프라방에서도 비슷한 프로그램을 찾고 있던 터였다. 그러나 일정이 맞지 않아 아쉬워하던 차에 이리저리 검색을 이어가던 중 눈에 띈 프로그램이 'Rice Experience', 말 그대로 '쌀의 생애를 온몸으로 살아보는' 여정이었다.

라오스는 쌀, 그중에서도 찹쌀(카오 니여우)을 주식으로 삼는 나라다. 손으로 빚은 찹쌀 덩이를 손가락으로 쪼개 먹는 그들의 식탁은, 쌀을 몸과 함께 어우러지고 조화를 이루는 존재로 대한다. 찹쌀은 일상은 물론이고 삶의 중요한 의례와 신앙에도 깊이 뿌리내려 있다. 이를테면 매년 음력 8월 보름, 양력으로는 보통 9월이나 10월경이 되면 라오스 전역에서는 햅쌀 수확에 감사하는 '카오 호(Khao Ho) 축제', 즉 라오스판 '신미 축제'가 열린다. 이 축제는 수확을 기리는 자리인 동시에 자연과 조상, 가정과 공동체를 잇는 중요한 전통이다.

가정에서는 보통 세 종류의 제사상을 준비한다. 부모님과 조상을 위한 상, 현관 앞에 놓이는 산신령과 수호신을 위한 상, 그리고 부엌 한편에 생계와 관련된 물건들을 진열한 상이다. 이 위에는 찹쌀을 비롯해 민물고기, 번데기, 지렁이, 채소 등 대부분 직접 경작하거나 채취한 신선한 제물들이 올려진다. 가족과 마을 사람들이 함께 모여 햅쌀로 지은 밥과 음식을 나누며 풍년을 축하하고, 사람과 동식물 모두의 건강과 안녕을 빈다.

논 위에서 배우는 삶의 언어 •

 쌀 체험 프로그램은 루앙프라방 시내에서 차로 10분 남짓 떨어진 곳에 있는 〈리빙 랜드 커뮤니티 팜(The Living Land Community Farm)〉에서 진행되며, 나는 오후 일정으로 예약했다. 농장에 도착하자마자 눈 앞에 펼쳐진 풍경은 한 폭의 수채화 같았다. 라오스식 전통 가옥이 줄지어 서 있고, 그 너머로는 논이 계단식으로 펼쳐져 있었다. 그 옆에 우뚝 선 사탕수수와 바람에 흔들리는 볏단, 물소가 지나가는 소리, 흙 냄새와 햇살이 어우러진 공간은 너무나 평화롭고 아름다워

오히려 비현실적으로 느껴질 정도였다.

내가 참여한 체험팀에는 은발의 서양 부부, 싱그러운 미소의 중국인 가족, 그리고 나처럼 혼자 온 사람도 있었다. 체험은 아주 구체적이고 섬세했는데, 볍씨 고르기부터 모판 만들기, 물소로 논 갈기, 모내기, 벼 베기, 타작, 맷돌 도정, 전통 밥 짓기까지, 쌀이 밥이 되기까지의 모든 여정을 한 땀 한 땀 따라가도록 짜여 있었다. 논바닥에 발을 담그고 허리를 굽혀 모를 심으며, 그간 내가 판매하고 소개하던 쌀이라는 곡물이 얼마나 복잡하고 고된 노동의 산물인지를 몸으로 느낄 수 있었다.

가이드는 유창한 영어를 구사하는 젊은 라오스 청년이었

다. 농업에 관한 지식은 물론 유머까지 겸비한 그는 참가자들을 능숙하게 이끌었다. 모두가 지루할 틈 없이 집중했고, 진심으로 즐기고 있었다. 때로는 웃음이 터지고, 때로는 숨이 찼지만, 우리는 같은 논 위에서 하나의 언어를 공유했다. 바로 쌀이라는 언어였다.

나는 루앙프라방에 쌀을 심었다

체험이 끝나갈 즈음, 우리는 사탕수수 주스를 직접 짜서 마신 다음 대나무 공예품 선물도 받아 들었다. 그리고 마지막으로 참가자 각자의 이름이 적힌 수제 엽서까지 선물로 주어졌는데, 거기에 적힌 문구가 아주 간결하면서도 인상적이었다.

"나는 루앙프라방에 쌀을 심었다(I planted Rice in Luang Prabang)."

단순한 문장이었지만, 그날의 경험을 모두 응축한 한 줄이었다. 나는 정말로 루앙프라방에 쌀을 심었다. 마치 내 마음 어딘가에 쌀 한 톨이 뿌려진 것 같은, 그렇게 내 삶 속에도 작고 고요한 논 하나가 생긴 느낌이었다.

　며칠 뒤, 루앙프라방 근교의 명소인 꽝시 폭포로 향하는 길에 논뷰 카페 한 곳에 들렀다. 실제 논을 마주 보며 커피와 간단한 식사를 곁들일 수 있는 이곳은 라오스어와 영어, 그리고 큼직한 한글 간판까지 걸려 있었다. 한국인 관광객이 정말 많이 오긴 오나 보네, 하면서 가벼운 웃음이 터져 나왔다. 바람에 흔들리는 벼, 초록의 반짝임, 그리고 푸르른 논을 배경으로 차분히 커피를 마시는 사람들. 그 한가로운 모습은 마치 항상 그 자리에 있는 풍경의 일부처럼 느껴졌다.

그리고 그 순간 나는 머릿속에 몇몇 이들의 얼굴을 떠올렸다. 〈우보농장〉의 이근이 대표와 전국 각지의 토종벼 농부들, 〈전국쌀생산자협회〉에서 활동하며 쌀의 미래를 고민하는 엄청나 위원장, 평택 들판 〈공간미*학〉의 전대경 대표 같은 이들에게 루앙프라방에서 내가 보고 느낀 걸 마구 쏟아내고 싶었다. 우리도 한번 그런 공간을 만들어 보자, 도원결의라도 맺고 싶은 마음이었다. 논을 바라보며 마시는 커피, 볍씨를 만져보는 체험, 벼를 수확하는 하루, 그 쌀로 만든 따뜻한 밥 한 공기. 도시에서 그리 멀지 않은, 논과 산, 마을이 어우러진 곳에서 쌀로 다시 우리의 삶을 엮을 수 있다면 식탁은 물론이고 마음까지도 풍요로워질 수 있지 않을까.

그날, 나는 루앙프라방에 쌀을 심었다. 그리고 지금도 계속 심고 있다. 서울에서도, 춘천에서도, 대구와 부산에서도, 사람들의 삶과 쌀을 다시 연결하고 싶다는 꿈을 마음에 꾹꾹 심고 있다는 얘기다. 작고 조용한 논 하나에서 시작된 이 여정은 어쩌면 나에게 두 번째 삶을 선물해 준 것인지도 모르겠다.

히말라야 트레킹에서 만난 밥심, 달밧

- 밥 한 그릇이 잇는 산과 사람(네팔)

    히말라야 트레킹은 힘들고 고된 경험임에도 묘하게 사람을 끌어당기는 매력을 지니고 있다. 그래서 흔히들 한 번도 안 해본 사람은 있어도, 한 번만 경험한 사람은 드물다고 말하곤 한다. 나 역시 이제껏 네 차례나 히말라야산맥을 찾았으니, 그 말을 입증하는 산증인인 셈이다.

    처음은 2014년 2월이었다. 오랫동안 몸담았던 시민단체 활동을 마무리하고, 새로운 삶의 방향을 모색하겠다는 다짐 끝에 떠난 여정이었다. 목적지는 낯설고도 신비로운 땅, 네팔이었고, 첫 코스는 푼힐(Poon Hill)이었다. 단기 트레킹이라 불리는 3박 4일의 비교적 짧은 일정이었지만, 그 짧음은 내 삶을 바꿔놓기에 충분했다. 그 후 2016년에는 푼힐-안나푸

르나 코스를, 2018년에는 안나푸르나 베이스캠프(ABC)와 랑탕(Langtang)까지 발걸음을 이어갔다. 사진을 다시 들춰 보니, 그해에는 두 번이나 네팔로 발길이 향해 있었다.

하늘에서 시작된 길 •

 제일 처음 수도 카트만두로 향하는 비행기 안에서 마주한 풍경은 마치 어제 일처럼 아직도 기억에 선명하다. 구름 위로 흰 파도처럼 솟구치는 설산들이 끝도 없이 이어지는 장엄함 앞에서 나는 처음으로 '비행기를 탄 것이 이렇게 감사할 수

있구나'라는 생각을 했다. 심지어 '이 비행기에서 히말라야를 이렇게 보고 돌아가더라도 억울하지 않겠다'라는 감정까지 피어올랐다. 그만큼 압도적인 풍경이었다.

물론 트레킹에서 마주한 순간순간 역시도 내 기억의 앨범에 강렬히 각인되어 있다. 푼힐 전망대에서 360도로 펼쳐진 파노라마, 저녁 햇살을 받아 붉게 물드는 마차푸차레(Machhapuchhre, 일명 '피시테일') 절벽, 그리고 새벽별이 흩뿌려진 하늘을 배경으로 눈부시게 솟은 안나푸르나 봉우리들. 지금도 내 휴대폰의 바탕화면은 당시에 직접 찍은 안나푸르나의 새벽별과 하늘, 산맥이 담긴 사진이다.

길 위에서 만난 네팔 사람들의 얼굴 또한 잊을 수 없다. 힘

겨운 삶 속에서도 꺼지지 않는 웃음, 아이들의 순수한 눈망울, 트레커를 묵묵히 이끄는 가이드와 셰르파들의 헌신. 나는 가끔 "레쌈 삐리리~"라는 가사만 기억하는 네팔 민요를 무심코 흥얼거리다 그들의 얼굴을 하나씩 떠올리곤 한다. 비록 몇 마디 서툰 영어와 이모티콘이지만, 그때 인연을 맺은 가이드와 셰르파들과는 여전히 SNS로 안부를 주고받고 있다. 그럴 때마다 그 짧은 메시지들은 다시금 히말라야의 차가운 공기를 불러오는 듯한 느낌을 준다.

하루 24시간 달밧 파워 •

그리고 무엇보다 잊을 수 없는 것은 네팔 사람들의 영원한 힘의 원천인 '달밧(Dal Bhat)'이다. 네팔에서는 사람들이 흔히 버릇처럼 입에 올리는 말이 있다. 바로 "하루 24시간 달밧 파워(Dal Bhat power, 24 hours)"다. 한국인들이 '밥심'으로 살아간다면, 네팔인들은 '달밧심'으로 살아가는 셈이다.

달밧에서 '달(Dal)'은 콩을 곱게 갈아 끓인 따뜻한 수프를, '밧(Bhat)'은 하얗게 지은 쌀밥을 뜻한다. 이름 그대로라면 단순한 조합 같지만, 그 두 글자가 합쳐지면 네팔의 하루와 삶을 지탱하는 힘이 된다. 달밧은 밥과 콩 수프를 기본으로 삼아, 우리 식탁의 백반처럼 한 끼를 온전히 채워주는 네팔식 정식이라 할 수 있다. 둥근 접시에 수북이 담긴 쌀밥이 중심에 놓이고, 그 주위를 빙 두르며 여러 가지 반찬이 자리한다.

대표적으로는 감자와 시금치, 콩나물, 가지, 완두콩을 볶거나 삶은 떠르까리(Tarkari)라는 반찬이 있는데, 우리의 나물과 비슷하면서도 카레 향신료로 양념해 다른 맛을 낸다. 어짜르(Achar)라는 채소나 과일로 만든 매콤한 장아찌류는 식욕을 돋우는 역할을 하고, 이외에도 추가로 닭고기, 물소고기, 양고기 등을 넣어 만든 카레를 주문할 수도 있다. 이 경우 '치킨 달밧', '머튼 달밧' 하는 식으로 구분해 부르고, 가격이 올라간다. 하지만 현지인들의 일상적인 식사는 어디까지나 채식이 기본이다.

달은 렌틸콩이나 녹두 등으로 끓여내 묽게 만든다. 얼핏 우리의 된장국과 비슷하지만, 향신료가 더해져 낯설면서도 매혹적인 풍미를 품는다. 네팔 사람들은 손가락 끝으로 쌀밥인 밧을 쥐어 달에 비벼 먹는다. 밧은 동남아 지역에서 흔히 쓰이는 찰기 없는 인디카 계열의 안남미 쌀로 만드는데, 혼자라면 다소 퍽퍽할 수 있다. 그러나 달과 함께 만나는 순간, 부족한 찰기를 감싸안으며 서로의 결을 보완한다. 그렇게 완성된 한 그릇은 척박한 산중에서도 사람을 다시 일어서게 하는 원동력이 된다.

히말라야의 산장인 롯지(Lodge)에서 먹는 달밧은 더욱 특별하다. 지친 하루의 끝에 내놓는 그릇에는 음식이 차곡차곡 리필된다. 네팔에서 달밧과 떠르까리 등은 추가로 돈을 받지 않고 먹을 만큼 더 제공하는 것이 관례이기 때문이다. '달밧 파워'에 '24시간'이란 표현이 따라붙는 것도 달밧이 그만큼 든든하면서도 필요하면 계속 채워 먹을 수 있다는 경험에서 비롯되었다.

밥, 술, 그리고 웃음

'셰르파(Sherpa)'라는 명칭은 원래 네팔 동부 지역의 한 민족을 가리키지만, 지금은 고산 가이드와 짐꾼인 포터를 지칭하는 보통명사처럼 쓰인다. 안나푸르나와 랑탕에서는 구룽(Gurung)과 타망(Tamang)족 사람들도 셰르파로 함께한다. 하지만 누구든 공통으로 사랑하는 것은 달밧이다. 밥이야말로 이 산의 공용어다.

식탁에 달밧이 오르면 포터들은 접시 위에 밥을 산처럼

쌓아올리고, 달과 떠르까리를 듬뿍 부어 손가락으로 능숙하게 비빈다. 처음엔 이 사람들이 달밧을 먹기 위해 일하는 게 아닌가 싶을 정도로 그 엄청난 양에 놀라지만, 그들의 고된 하루를 생각하면 고개가 끄덕여진다. 땀과 바람, 무거운 짐을 짊어진 그들의 일상을 지탱해 주는 힘은 결국 한 그릇의 밥이다.

네팔의 술 역시 쌀과 곡물에서 비롯된다. 네팔의 대표적인 술로는 '락시(Raksi)'와 '창(Chhaang)', '뚱바(Tongba)'가 있다. 락시는 맑고 강한 증류주로, 우리나라의 소주와 비슷하다. 쌀이나 기장으로 빚는데, 어떤 지역에서는 도수가 50도를 넘기도 한다. 창은 네팔식 막걸리라 할 만하다. 쌀이나 보리, 수수를 발효시켜 텁텁하고 시큼한 풍미를 내며, 알코올

도수가 비교적 낮아서 가볍게 즐길 수 있다. 마지막으로 뚱바는 매우 독특한 방식으로 마시는 발효주다. 발효된 곡물을 통에 담고 뜨거운 물을 부어 대나무 빨대로 마신다. 마치 차처럼 여러 번 물을 부어 우려 마실 수 있으며, 역시 도수는 약한 편이다. 처음 뚱바를 마셨을 때는 '이거 한국에서도 전문점을 내면 통하겠는걸' 하는 생각도 들었다. 어느 산장에서는 가마솥 옆에서 이 술들을 직접 담그는 장면을 우연히 볼 수도 있다. 김이 피어오르는 그 순간, 이 땅의 곡물이 사람들의 웃음을 어떻게 지켜왔는지 새삼 깨닫게 된다.

쌀이 맺어주는 인연 •

히말라야를 걸어본 사람이라면 알 것이다. 그곳에서의 밥상은 한 끼 식사를 훌쩍 넘어선다. 그것은 공동체를 지탱하는 힘이고, 고단한 하루를 버티게 하는 의식이며, 거대한 산맥과 작은 인간을 잇는 가느다란 다리다. 달밧은 그 모든 것을 압축해 보여준다. 나 또한 그 힘 덕분에 길을 완주할 수 있었고, 여전히 그 기억으로 하루를 살아간다.

쌀은 지구 어느 곳에서도 사람을 살린다. 한반도에서 고봉

밥으로 버텼던 우리의 조상들처럼, 히말라야의 사람들은 달밧으로 하루를 일군다. 서로 멀리 떨어진 땅이지만, 쌀이 맺어주는 인연은 이렇게나 닿아 있다.

쌀이 축제가 되다

– 전통과 신화, 그리고 공동체의 무대

쌀은 아시아의 식탁을 책임지는 주식이자, 각 나라의 문화와 전통을 담은 중요한 상징이다. 특히 쌀을 주제로 한 축제와 행사는 대륙 곳곳에서 다양하게 열리며, 이는 주위에서 흔히 볼 수 있는 농산물 축제를 넘어 공동체의 삶과 예술, 종교, 지속 가능성까지 아우르는 삶의 무대가 된다. 이 장에서는 일본, 태국, 라오스, 타이완, 그리고 인도네시아 발리까지, 쌀을 매개로 한 아시아 여러 지역의 축제와 문화적 경험을 소개하고자 한다.

일본, 쌀에 담긴 전통과 의례 •

일본은 한국처럼 쌀이 주식이며 문화와 생활에 깊이 뿌리내린 나라인 만큼, 쌀 생산을 기념하고 쌀 문화의 중요성을 강조하는 갖가지 축제와 행사가 열린다. 특정 시기에 전국에서 대규모로 열리는 단일 쌀 축제보다는 각 지역의 특색을 살린 쌀 관련 행사나 농업 축제들이 활발하게 개최되는 나라다.

우선 고시히카리의 고장인 니가타현의 '니가타 쌀 축제(新潟米まつり)'는 현지에서 생산되는 다양한 품종의 쌀을 직접 보고 맛볼 수 있는 무대로, 햅쌀 시식 코너가 특히 인기가 많다. 쌀로 만든 사케, 과자, 떡 등의 가공식품을 구매할 수 있고. 쌀 마이스터나 전문가들이 맛있는 밥을 짓는 노하우를 시연하고 팁을 전수한다. 아이들을 위한 쌀 관련 농업 체험이나 전통놀이가 마련되기도 한다. 니가타현 중에서도 최고급 고시히카리의 산지인 우오누마에서도 이와 비슷한 쌀 축제(魚沼 お米まつり)가 열린다.

가나가와현 오다와라시에서는 쌀 품종에 따른 색깔 차이를 이용해 논에 그림을 그리는 논 아트로 유명한 '오다와라 쌀 축제(小田原お米まつり)'가 열려, 농촌 풍경과 접목된 지

역 체험형 행사로 인기를 끈다. 그에 비해 '신미 축제(新嘗祭, Niiname-sai)'는 일본 황실에서 행해지는 가장 중요한 궁중 의례 중 하나이자 일본의 전통적인 추수 감사제이다. 수확한 햅쌀을 신에게 바치고 함께 맛봄으로써 풍요로운 수확에 감사하고, 다음 해의 풍년을 기원하는 의미가 있다. 일반 대중이 참여하는 행사는 아니지만, 일본 전역의 신사에서도 같은 명칭의 유사한 의례가 열린다고 하니 기회가 되면 참여해 보면 좋겠다.

또한 '바이오파흐 재팬(BIOFACH JAPAN)'이라는 국제 유기농 제품 박람회도 빼놓을 수 없다. 독일에서 시작된 세계적인 유기농 박람회 '바이오파흐' 네트워크의 일환으로 열리는 이 행사는 아시아 유기농 시장의 핵심 비즈니스 플랫폼 역할을 한다. 박람회에서는 신선한 유기농 쌀, 과일, 채소, 육류, 유제품부터 가공식품, 냉동식품, 음료, 화장품, 세제, 심지어 반려동물용품에 이르기까지 폭넓은 유기농 제품이 전시되고 판매된다. 유기농업의 미래, 지속 가능한 소비, 유기농 인증 시스템 등에 관한 전문적인 강연과 토론도 함께 열린다. 보통 매년 10월에 도쿄 빅사이트(Tokyo Big Sight)에서 개최된다.

태국, 풍년을 기원하는 왕실의 밭갈이

 태국은 쌀을 주제로 한 축제가 더더욱 다채롭다. 매년 12월에 열리는 '타일랜드 쌀 축제'는 전국에서 생산되는 희귀하면서도 맛있는 고급 쌀 품종을 선보이고, 유명 셰프들의 요리 시연과 쌀을 활용한 독특하고 새로운 메뉴들을 선보이는 레스토랑 존으로 구성된다. 이 자리에서는 쌀로 만든 다채로운 가공식품과 공예품 등의 창의적인 제품들을 구매할 수 있고, 농부, 유통업자, 요리사, 연구자 등 쌀 관련 산업 종사자들이 모여 교류하고 정보를 공유하는 장이 된다. 쌀의 역사, 재배 과정, 품종별 특징 등을 배울 수 있는 교육 프로그램과 체험 활동도 있다.

 고대 브라만교와 불교 전통이 결합한 '왕실 쟁기질 행사(Royal Ploughing Ceremony)'는 태국에서 가장 오래되고 중요한 농업 관련 왕실 행사로, 새로운 모내기철의 시작을 알리고 풍년을 기원하는 의식이다. 이 행사에서는 보통 태국 국왕이나 왕실 대표가 신성한 흰 소 두 마리를 몰아 쟁기로 밭을 가는 상징적인 퍼포먼스를 벌인다. 그리고 소가 지나간 밭에 쌀, 참깨, 옥수수, 풀, 물, 술 등을 놓은 뒤, 소가 무엇을 먹느냐에 따라 그해의 풍년과 흉년을 점친다. 전통적인 궁중 음악 연주와 화려한 왕실 복장을 구경하는 건 덤이다. 매년 5월경에 수도 방콕의 사남 루앙(Sanam Luang) 왕궁 앞 광장에서 열리는데, 정확한 날짜는 왕실의 발표에 따라 그때그때 달라진다.

'태국 채식 축제(Thailand Vegetarian Festival)'는 신체와 정신의 정화를 강조하며 친환경적이고 건강한 먹거리를 중시하는 행사이다. 매년 음력 9월에 9일 동안 개최되는데, 태국의 독특한 종교 문화와 함께 다양한 채식을 경험하고 싶은 이들에게 아주 특별한 축제가 된다. 축제 기간 내내 고기, 유제품, 마늘이나 파 같은 특정 향신채를 피한 채식 식단을 지키고, '채식(Jae)'을 의미하는 노란색 깃발이 걸린 식당이나 노점에서 채식 음식을 판매한다. 방콕 야오와랏(차이나타운)과 푸껫 등 태국 전역의 식당과 노점들이 참여하며, 특히 푸껫에서는 '쑤언(Suon)'이라는 신내림 의식이나 퍼레이드 같은 독특하고 강렬한 전통 의례를 선보인다.

라오스, 찹쌀이 지켜온 공동체의 시간 •

라오스는 쌀, 그중에서도 찹쌀이 주식이자 문화와 삶에

깊이 뿌리내린 국가로, 자연스레 쌀과 관련된 전통 행사와 축제가 풍성하다. '카오 호 축제(Khao Ho Festival)'는 수확한 햅쌀에 대한 감사와 풍년을 기념하며, 조상과 자연의 신에게 제사를 지내는 공동체적인 행사이다. '분 호 카오 파답 딘(Boun Hor Khao Padap Din)'은 우기인 음력 9월 무렵에 조상을 기리고 공덕을 쌓는 불교 의례 축제로, 세상을 떠난 친지들을 위해 사원에 공물을 바친 뒤 찹쌀 안에 갖가지 속 재료를 넣고 바나나잎에 싸서 찐 '카오 똠'이라는 음식을 만들어 나눠 먹는다. 여기서 찹쌀은 공동체의 결속을, 바나나는 번영과 풍요의 의미를 담고 있다고 하는데, 한국의 송편과 비슷한 정서와 형식을 지닌다고 할 수도 있겠다.

또한 매년 1월 말 수도 비엔티안의 메콩강 변에서는 '라오스 음식 축제(Lao Food Festival)'가 열린다. 라오스의 음식 문화와 농산물을 소개하는 행사로, 유기농 식품, 수공예품, 농업 워크숍 등과 함께 전국 18개 지역의 음식을 맛볼 수 있다고 하니 가히 전국적인 행사라고 하겠다.

라오스는 유기농업 발전을 위해 국제사회와 협력하는 프로젝트도 활발히 추진하고 있다. 〈일본국제협력단(JICA)〉, 〈스위스개발협력청(SDC)〉 등 여러 국가와 단체가 라오스의 유기농업 생산자와 농촌에 대한 지도와 교육을 지원하고 있고, 이러한 프로젝트의 일환으로 소규모 워크숍, 세미나, 기술 교류회 등을 부정기적으로 개최하기도 한다. 그중에서 '한-라오스 농업 박람회(Laos-Korea Agro Fair)'는 한국과 라오스 간의 농업 협력을 강화하고, 친환경 및 지속 가능한 농업 기술을 교류하기 위한 행사이다.

타이완, 쌀로 빚은 문화와 디자인 •

타이완에서도 쌀을 주제로 한 행사가 풍성하다. 쌀 생산지로 유명한 이란현(宜蘭縣) 뤄둥진(羅東鎭)에서 열리는 '뤄둥 국제 쌀 산업·문화 축제(羅東國際米食文化節)'는 쌀 산업과 문화를 결합한 대표적인 행사이다. 여기서는 쌀을 활용한 전통 요리부터 현대적인 퓨전 요리까지 다양한 쌀 요리 경연이 펼쳐지고, 쌀로 만든 떡, 술, 과자 등의 가공식품을 선보이고 판매한다. 쌀 재배 과정에 대한 교육 프로그램이나 농촌 체험도 마련되어 있고, 각종 문화 공연과 흥겨운 퍼레이드가 축제 분위기를 더 한다.

'타이완 쌀 디자인 위크(台灣米設計週)'는 쌀과 디자인, 예술을 연결하여 새로운 가치를 창출하고자 하는 행사이다.

특정 지역에 한정되지 않고, 타이베이 등 주요 도시에서 열릴 수 있다. 쌀을 테마로 한 제품 디자인, 패키징, 공예품 등의 디자인 작품을 선보이고, 유명 셰프들과 협력하여 쌀의 창의적인 활용 가능성을 보여주는 미식 이벤트를 개최한다. 쌀 산업의 미래, 지속 가능한 농업, 쌀의 문화적 가치 등에 대한 강연과 워크숍을 진행하기도 한다

'가오슝 다랴오 홍두·농특산물 전시회(高雄大寮紅豆節暨農特產展售會)'는 주로 팥과 쌀을 비롯한 지역 농산물 홍보 및 판매에 중점을 두는 행사로, 팥 수확기와 맞물려 보통 12월경에 개최된다. 이는 다랴오 지역에서 생산된 신선하고 질 좋은 쌀과 가공품을 소개하는 쌀 축제와 연계돼 진행되기도 한다. '타이완 국제 채식·유기농품 박람회(Taiwan International Vegetarian and Organic Products Exhibition)'는 타이완에서 가장 큰 박람회 중 하나로, 매년 7월경 타이베이 세계무역센터(TWTC)에서 개최된다.

발리, 신들의 섬에 내린 쌀의 축복 •

인도네시아 발리는 '신들의 섬'이라는 별칭답게 독특한 영

성과 자연미를 간직하고 있으며, 특히 아름다운 계단식 논과 그 속에서 살아 숨 쉬는 농경 문화가 큰 특징이다. 발리의 전통 농업에서는 '수박(Subak)'이라는 독특한 관개 제도와 농업 공동체가 핵심이다. 수박은 발리에서 9세기부터 이어져 온 제도로, 산지에서 발원한 물을 논에 공정하고 효율적으로 공급하기 위해 규범과 의례를 정해놓은 것이다. 물 배분과 모내기 시기, 공동 노동 등을 회원인 농민들이 협의하여 결정하도록 한 수박은 신과 인간, 자연의 조화라는 힌두교의 세 가지 원리에 기초하여 공동체 간 협력을 증진하는 데 중요한 역할을 한다.

또한 이슬람 신자가 다수인 인도네시아의 여타 지역과 달리 힌두교 신자가 대부분인 발리에서는 '데위 스리(Dewi Sri)'라는 신화 속 인물을 풍요와 번영의 상징이자 쌀과 농업의 여신으로 숭배한다. 발리의 논 주변이나 농가에는 데위 스리에게 바치는 작은 사당이나 제단을 어렵지 않게 볼 수 있는데, 농부들은 씨앗을 심고 수확할 때마다 데위 스리에게 제사를 지내며 풍년을 기원하고 감사함을 표현한다. 곡물의 신인 동시에 생명의 신으로 추앙받던 그녀의 존재는 그만큼 쌀이 그곳 사람들에게 있어 생명과 직결된 신성한 원천이었음을 보여주는 예라고 하겠다.

이처럼 세계 곳곳의 쌀 축제와 문화적 전통은 각국의 역사, 종교, 예술, 그리고 공동체의 삶을 쌀이라는 공통 언어를 통해 녹여낸다. 이들은 먹거리 행사 그 이상으로 농업의 미래와 지속 가능한 삶의 방식, 그리고 인간과 자연의 깊은 연결을 재확인하게 해준다. 세계 곳곳에서 쌀은 축제와 전통을 통해 삶을 지탱해 왔다. 그렇다면 오늘 우리의 쌀 문화는 앞으로 어떤 미래를 맞이해야 할까? 햇살에 영글고 바람에 흔들리며 이어져 온 그 시간처럼, 우리의 쌀도 다시 내일을 밝힐 수 있을까?

5부

쌀의 미래, 우리가 지을 내일

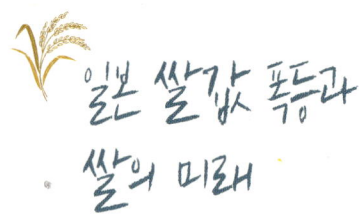
일본 쌀값 폭등과 쌀의 미래

일본의 쌀값 폭등이 남긴 경고

 2025년 봄, 일본에서 쌀값이 두 배 가까이 폭등했다는 소식은 한국 사회에서 큰 반향을 일으켰다. 서울역 롯데마트에서 굳이 한국 쌀을 사서 여행 가방에 꾹꾹 눌러 담아가는 일본 관광객의 인터뷰가 뉴스에 소개되고, 일본 정부가 비축미를 풀어야 할 만큼 심각한 상황이라는 분석이 이어졌다. 도대체 왜 이런 일이 벌어진 걸까?

 표면적인 원인은 명확하다. 기후 위기에 따른 극심한 고온과 가뭄, 수확량 저하, 물류에서의 병목 현상, 그리고 유통사의 사재기가 바로 그것이다. 그러나 그 이면에는 일본의 농정

시스템이 구조적으로 안고 있는 문제들이 자리하고 있었다. 그중에서도 일본 농협(JA)의 복잡한 유통망, 경쟁 입찰 방식의 경직성, 쌀을 둘러싼 정치적 민감성은 가격의 유연한 조정을 가로막고 있었다. 소비자 물가 지수에서 쌀은 전년 대비 70% 넘게 상승했지만, 정부의 개입은 사후약방문이었고 제한적이었다.

이 과정에서 일본의 농림부 장관은 "나는 쌀을 사 본 적이 없다"라는 발언으로 여론의 분노를 샀고, 끝내 자리에서 물러나야 했다. 그 자리를 이어받은 고이즈미 신지로 신임 장관은 즉시 정부 비축미 방출과 민간 유통망 직공급, 가격 상한제 등의 대책을 발표했지만, 사태 수습은 쉽지 않았다. 결국 일본 정부는 수급 정책의 전면 재검토를 발표하며 쌀 정책을 둘러싼 정치적 논쟁에 다시 불을 붙였다.

쌀값 논쟁과 식량주권의 과제 •

쌀을 둘러싼 이러한 혼란은 단지 바다 건너 남의 나라 일로 치부할 일만은 아니다. 한국에서도 쌀값은 언제나 민감한 주제다. 쌀값은 농민의 생계를 넘어 물가, 임금, 소비와 연결된 국가 경제의 민감한 접점에 놓여 있으며, 농업과 농촌의 미래를 들여다볼 수 있는 거울이다.

이와 관련해 농민들은 오래전부터 80kg들이 쌀 한 가마당 24만 원, 공깃밥 1인분당 300원의 가격 보장을 요구해 왔다. 그러나 이러한 요구를 담은 『양곡관리법』 개정안은 번번이 전임 윤석열 정부의 거부권에 가로막혔다.

그뿐만 아니라 〈전국쌀생산자협회〉를 비롯한 농민단체와 시민사회는 지난 정부가 단일 작물 기준으로는 역대 최고인 8만 헥타르 규모의 벼 재배 면적을 감축하겠다고 발표한 것은 역행이라고 비판한다. 감축 정책은 자율을 표방했지만 사실상 인센티브와 불이익을 통한 강제적 방식이었고, 이는 식량주권을 위협하는 결정이라는 것이다. 실제로 과거에도 있었던 세 차례의 감축 정책은 일시적 효과에 그쳤고, 쌀값 상승이나 농가소득 증가로 이어지지도 않았다. 오히려 농업소득이 최저임금에 대비하여 실질적으로 감소하고, 경영비 상승으로 수익 구조도 악화되었으며, 홍수 조절과 탄소 흡수 등 논이 가진 공익적 가치를 훼손하는 부작용만 남겼다. 결론적으로 벼 재배 면적을 단순히 감축하는 것만으로는 쌀값 안정이나 농업의 지속 가능성을 보장할 수 없다.

쌀은 정치이자 미래 전략이다

이러한 문제 의식 속에서 〈전국쌀생산자협회〉는 다음과 같은 대안을 제시해 왔다. 첫째, 수입쌀 관리 체계를 재협상해 WTO 체제에서 정해진 최소시장접근(Minimum Market Access, MMA) 물량을 줄이고, 수입된 물량도 가공용으로 전환해야 한다. 둘째, 쌀 자급률 100%를 법제화하고, 논 면적의 유지 기준을 제도화해 국가가 재배 기반을 책임져야 한다. 셋째, 공정가격제를 도입해 농민이 쌀값 결정에 참여하도록 하고, 생산비를 반영한 최소가격을 보장해야 한다. 넷째, 친환경 재배를 확대하고, 공공 급식과 연계해 소비 기반을 강화해야 한다. 다섯째, 농정 거버넌스를 민주화하고, 농민이 정책 수립에 참여할 수 있도록 자율 감축 제도를 제도화해야 한다. 마지막으로, 소비 구조 변화에 맞춘 수급 정책을 마련하고, 통계를 개선해야 한다는 것이다.

그나마 다행히 정권이 교체된 직후인 2025년 8월 4일 『양곡관리법』 개정안과 『농산물 유통 및 가격안정법』 개정안이 국회 본회의를 통과했다. 이제 쌀과 주요 농산물에 대해 수급과 가격 안정을 목적으로 하는 기본 법률이 마련된 것이다. 하지만 궁극적으로는 식량주권을 중심에 둔 국가 전략으로의 농정 전환이 무엇보다 절실하다. 쌀을 지키는 일은 국민 생존을 지키는 일이며, 농민과 사회 전체를 위한 미래 전략이다.

나는 이 책의 앞부분에서 쌀의 품종, 맛, 요리, 그리고 각자의 취향과 라이프스타일에 맞춘 쌀 소비에 관해 이야기했다. 그러나 여기에서 다시 강조하고 싶은 것은, 쌀은 단지 미각의 대상이 아니라는 점이다. 쌀은 생태적 사안이자 사회적 사안이며, 궁극적으로는 정치의 영역이다. 쌀의 미래는 결국 대한민국의 미래와 연결되어 있다.

햇빛과 쌀이 만난 새로운 길 •

   그런 의미에서 나는 최근 〈햇빛배당전국네트워크〉라는 조직의 활동에 주목하고 있다. 이들은 농지에서 농작물을 재배하면서 동시에 태양광 발전 설비를 설치해 전기를 생산하는 영농형 태양광 모델을 실천에 옮기고 있다. 즉, 논 위에 태양광 패널을 설치하고 그 아래에서 벼를 재배함으로써, 하나의 공간에서 경작과 에너지 생산을 병행하는 방식이다. 이 과정에서 발생한 발전 수익은 마을 주민들에게 '햇빛연금'의 형태로 배분되며, 이는 단순한 기술적 전환을 넘어선 지역공동체 기반의 소득 구조 혁신으로 이어진다. 이러한 모델은 '햇빛연금마을'이라는 이름으로 확산하고 있으며, 마을 주민이 주체가 되어 태양광 발전 사업에 참여하고, 그 수익을 공동으로 나누는 구조를 갖는다. 재생에너지 사업의 이익을 지역사회와 공유함으로써 지역 경제를 활성화하고, 농촌의 인구 감소와 고령화 문제를 완화하며, 주민의 생활 안정과 청년 인구의 유입을 동시에 도모하는 것을 주요 목표로 한다. 에너지 전환, 농업의 지속 가능성, 공동체 기반 복지의 조화를 모색하는 이 실험은 기후 위기와 농촌 위기를 동시에 돌파하려는 하나의 대안적 길이라 할 수 있다.

쌀집 아저씨로서 나는 여기에 한 걸음 더 나아가, 영농형 태양광이 설치된 논에서 재배한 쌀을 '햇빛미(米)'라는 이름으로 브랜드화하는 작업을 구상하고 있다. 단순히 생산된 쌀을 유통하는 것이 아니라, 에너지와 농업이 만나는 새로운 가치 사슬을 만드는 것이다. 이는 쌀 생산 규모를 균형적으로 관리하고, 동시에 햇빛 에너지를 통해 마을에 연금처럼 이익을 되돌려주는 구조를 상징한다. 나는 햇빛정미소, 햇빛마을, 햇빛소득, 이런 말들이 일상이 되는 날을 꿈꾼다.

쌀과 사람들

 2025년 6월, 전주MBC는 창사 60주년을 맞아 특집 다큐멘터리 「밥맛」을 방영했다. 더 좋은 쌀, 더 맛있는 밥, 더 의미 있는 한국 식문화의 미래를 이야기하는 이 프로그램에 나도 짧게나마 출연하게 되었다. 오래도록 쌀과 밥을 이야기해 온 한 사람으로서, 짧은 출연이었지만 뜻깊은 경험이었다. 다큐멘터리 속에는 다양한 쌀 생산자, 요리사, 연구자들이 등장해 저마다의 방식으로 밥맛을 지키고 키워가는 이야기를 전했다. 그러나 방송에 다 담기지 못한 수많은 사람들이 있다. 이름 없이도 묵묵히, 혹은 실험적으로, 때로는 발랄하게 한국의 쌀과 밥의 미래를 만들어 가는 이들. 그들의 이름을 여기에 차곡차곡 적어보고자 한다.

토종벼를 지키는 농부들 •

여주의 〈우보농장〉 이근이 대표를 포함한 〈전국토종벼농부들〉은 토종벼의 씨앗을 지키는 사람들이다. 창원의 〈주나미 농장〉 우봉희, 밀양 감물 다랑이논의 김진한, 〈강원도시농업네트워크〉의 박중구 등, 전국 곳곳에서 토종벼 복원을 실천하는 농부들의 손은 언제나 거칠고 단단하다. 이들이 길러내는 토종벼는 단지 오래된 벼가 아니다. 그것은 사라졌던 시간의 기억이며, 쌀이 품은 문화적 다양성이자, 밥맛을 통해 세계를 다시 해석하는 방식이다.

ⓒ우보농장

 붉은 벼, 검은 벼, 갈색 벼, 황금빛 벼, 흰 벼, 핑크빛 벼까지, 무지갯빛 논을 이루는 토종벼는 각기 다른 맛과 향, 식감을 지니며 밥의 풍경을 다채롭게 바꿔 놓는다. 그 무지개 논은 더 이상 농부들만의 영역이 아니다. '토종쌀 자급자족 도시민 내논갖기' 프로그램을 통해 도시민들도 시식에서부터 볍씨 뿌리기, 모내기, 벼꽃 관찰, 수확, 탈곡, 도정에 이르기까지 한 해 농사의 전 과정을 함께 경험한다. 그 과정에서 농업의 가치를 배우고, 자기 손으로 지은 밥 한 공기를 통해 삶과 먹거리를 새롭게 이해하게 된다. 토종벼 농사는 그렇게 공동체로 확장되고 있다. 하나의 논이 사람과 도시, 계절을 연결하는 느린 플랫폼이 되고 있다.

쌀의 일상을 디자인하는 생산자들

평택의 신리에는 '공간미*학'을 운영하는 〈미듬영농법인〉의 전대경 대표가 있다. '바비브레드'라는 이름의 쌀빵 브랜드, 스타벅스에 납품하는 라이스칩, 가루쌀로 만든 '신리쌀면', 쌀겨를 활용한 친환경 찜질방까지—쌀은 그의 손에서 도시인의 일상으로 되살아난다. 그는 가장 실용적이고 대중적인 농촌경제 맞춤형 쌀의 생산자이자, 쌀을 언어로 만들고 경험으로 재구성하는 프로듀서다. 이처럼 쌀은 새로운 감각과 실용을 통해 또 다른 가능성을 품는다.

전남 곡성에는 〈미실란〉이라는 이름의 공간이 있다. 이곳의 이동현 대표는 유기농 발아현미에 집중해 온 쌀 장인으로, 폐교를 개조해 생태 책방과 논뷰 카페, 영화제와 음악회를 열 수 있는 복합문화공간으로 만들었다. 부인과 두 아들 모두 미실란의 동료이기도 한 이들 가족은 한 그릇의 밥 안에 생태와 공동체, 그리고 예술을 담아낸다. 다음에는 꼭 하룻밤 머물며 그들과 더 많은 대화를 나누고 싶다.

전남의 〈맑똥정미소〉 김영대 대표는 한마디로 괴짜다. '맑똥'은 '맑은 똥'의 준말인데, 말 그대로 "맑은 똥을 싸자"라는 의미라고 한다. 그는 "우리가 맑은 똥을 싸려면 맑은 것을 먹어야 한다"라고 말한다. 농사를 지으면서도 최대한 기계를 쓰지 않고, 몸으로 할 수 있는 적정 규모를 고집하며, 다양한 토종벼를 유통하고 판매한다. 그는 자본주의의 흐름과는 다른 길을 택했지만, 오히려 그 길 위에서 더욱 단단한 믿음을 키워가고 있다.

〈양수리 양조장〉 김광영 대표는 토종쌀 전통주의 개발과 생산에 매진하고 있고, 양평 〈델레떼〉의 김지윤 대표는 아이스크림과 디저트에 로컬, 유기농, 토종쌀을 연결하는 도전을 하고 있다. 부산의 〈꿀꺽하우스〉 최승하 대표는 멥쌀과 찹쌀, 토종쌀 생산자와 계약 재배를 체결해 전통주의 현대화를 시도하고 있다. 공주 〈곡물집〉의 김현정·천재박, 괴산 〈뭐하농하우스〉의 이지현과 청년 농부들, 춘천 〈어쩌다 농부〉의 한상연·김은희·노보원, 논산 〈꽃비원〉의 정광하·오남도, 농부시장 〈마르쉐〉의 이보은, 〈내일의 식탁〉 김원일, 〈농사펀드〉 박종범, 〈하얀술〉 이정희, 〈라이스밸류〉 정광호 등등. 전국 곳곳에서 각자의 방식으로 쌀을 짓고, 살리고, 말하고 있는 이들을 나는 '라이스 어벤져스'라 부르고 싶다.

라이스 어벤져스, 쌀의 미래를 여는 사람들•

나는 그들 모두를 존경한다. 새로운 세상을 상상하는 농부, 기획자, 예술가들인 그들을 말이다. 나는 쌀을 생산하는 농부들, 밥을 짓는 요리사들, 술을 만드는 양조인들, 논을 예술로 바꾸는 작가들과 함께 쌀의 미래를 만들고 싶다.

쌀은 밥상 위에만 머무는 존재가 아니다. 그것은 플랫폼이고 언어이며, 생태와 예술과 정체성이 뒤엉킨 하나의 세계다. 우리가 다시 쌀을 중심에 두고 이야기할 때, 그곳에는 밥이 있고, 사람이 있고, 미래가 있다. 그리하여 언젠가 우리는 이렇게 말할 수 있을 것이다.

"우리는 이 밥 한 그릇으로 더 나은 세상을 함께 지었다."

쌀의 미래는 곧 사람이다.

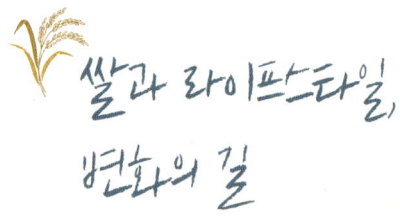
쌀과 라이프스타일, 변화의 길

보릿고개와 통일벼의 기억 •

"개판 오 분 전"이라는 말이 있다. 이 말의 유래는 한국전쟁 시기 미군 부대로부터 소위 말하는 꿀꿀이죽이 배급되기 직전의 아수라장이 된 모습을 가리키는 표현에서 비롯되었다고 한다. 이처럼 대한민국도 보릿고개를 겪으며 피죽 한 그릇조차 제대로 먹기 어려운 절대 빈곤의 시대를 힘겹게 통과하던 때가 있었다. 쌀이 부족해 혼분식이 장려되던 시절이 있었고, 도시락을 싸지 못한 아이들이 수돗물로 배를 채우던 때도 있었다.

그러나 지금의 대한민국은 달라졌다. 절대 빈곤에서 벗어난 지 오래고, 이제는 '먹는 것' 하나만큼은 풍요로운 시대가 찾아왔다. 여행과 먹방이 예능의 주요 테마가 되었고, 「수요미식회」, 「냉장고를 부탁해」 같은 방송 프로그램이 큰 인기를 끌었다. 이제는 100만 구독자를 가진 먹방 유튜버들이 일상과 식탁을 이끈다. 그렇다면 우리는 정말 잘 먹고 잘살고 있는 걸까?

1960년대 대한민국은 급격한 인구 증가와 쌀 생산 정체로 만성적인 식량 부족을 겪고 있었다. 당시 박정희 대통령은 식량 자급을 국가의 최우선 과제로 삼고, 농촌진흥청에 신품종 개발을 지시했다. 이에 서울대학교 허문회 교수와 그의 연구팀은 필리핀 〈국제미작연구소(IRRI)〉와 협력해 인디카와 자포니카를 삼원 교배한 새로운 품종을 개발했다. 수확량이 기존보다 30% 이상 많고 쓰러짐에도 강한 품종, 그것이 바로 교배번호 667번인 'IR667', 한국에서는 '통일벼'라 불린 벼였다.

1971년 첫선을 보인 통일벼는 이후 한동안 '국민 쌀'로 자리 잡았지만, 국민의 생활 수준이 향상되고 미각의 기준이 높아지면서 점차 자취를 감추게 된다. 통일벼는 수확량이 많아 '정부미'라는 이름으로 대규모로 공급되며 고질적인 쌀 부족을 해결하는 데는 어느 정도 기여하였으나, 결정적으로 찰기와 윤기가 부족해 지속적으로 밥상에 올릴만한 매력은 없었기 때문이다. 결국 그 자리를 대신한 것은 일본 품종인 '아끼바레', 한국에서 '추청'이라는 이름으로 더 잘 알려진 벼였다.

혼분식, 그 쓸쓸한 풍경

1970년대부터 1980년대 중반까지 이어진 '혼분식 장려 운동'은 쌀 소비를 억제하고 식량난을 완화하기 위한 국가 주도의 강력한 범국민 캠페인이었다. 여기서 '혼식'은 쌀에 보리나 콩 같은 잡곡을 섞어 먹는 것을 의미하며, '분식'은 밀가루로 만든 국수, 수제비, 빵 등을 먹는 것을 뜻한다.

그 무렵 매주 수요일과 토요일은 '무미일(無米日)', 즉 쌀 없는 날로 지정되었고, 음식점에서는 쌀로 만든 음식 판매가 금지되거나 밥에 보리나 조, 콩 등의 잡곡을 25% 이상 혼합하여 판매하도록 강제되었다. 곰탕이나 설렁탕에는 국수나 당면을 넣어 양을 늘렸는데, 오늘날 국밥에 당면이 들어가고 설렁탕과 함께 소면이 나오는 관행은 이 시기의 흔적이다.

학교에서도 흰쌀밥만 싸 온 학생들을 꾸짖거나 혼식 지도 대상으로 삼았다. 그래서 도시락 위에는 혼식을 올리고, 아래에는 쌀밥을 깔아 숨기는 '이층 도시락' 기술이 등장하기도 했다. 친구들에게 빼앗길까 봐 달걀프라이를 도시락 바닥에 숨겨 넣던 어머니들의 지혜와 전략(?)이 다시 한번 실력을 발휘하는 대목이었다.

식당에서 쓰이는 스테인리스 공깃밥 그릇 또한 쌀 소비를 줄이기 위한 발명품이었다. 예전의 사기나 놋그릇에 비해 크기가 훨씬 작았기 때문이다. 실제로 박정희 정권 시절에는 식당에서 스테인리스 공깃밥 그릇을 사용하지 않을 경우 영업정지와 같은 강력한 행정처분이 내려졌다. 당시에는 가정에서 쌀로 술을 담그는 일조차 '밀주'로 간주되어 금지되었고, 쌀 대신 고구마나 카사바로 만든 희석식 소주가 유행했다. 막걸리 역시도 밀가루 등 대체 원료로 만들어졌다.

밥 한 그릇이 바꾸는 세계 •

나는 종종 어떤 쌀이 좋은 쌀이냐는 질문을 받곤 한다. 밥맛 좋은 식당을 추천해달라는 부탁도 자주 듣는다. 맛있는 밥을 어떻게 짓느냐는 질문 역시 빠지지 않는다. 그러나 아직도 급식비를 걱정하는 학생들, 삼각김밥과 우유 한 개로 한 끼를 때우는 택배기사, 새벽같이 수백 인분을 쏟아내야 하는 급식 노동자들이 존재하는 현실 속에서 '맛있는 밥'은 어쩌면 사치처럼 느껴질지도 모른다.

그럼에도 불구하고 나는 믿는다. 이제는 밥 한 끼를 때우는 시대에서 향유하는 시대가 되어야 한다고 말이다. 쌀도 커피처럼, 와인처럼 취향과 미식의 시대를 맞이했다. 매일 밥을 짓지는 못하더라도 일주일에 한두 번쯤은 좋은 쌀로 정성스럽게 밥을 지어 먹는 라이프스타일을 만들어가야 한다. 다이어트, 혈당 관리, 저당식, 저속 노화 같은 키워드가 인기를 끄는 지금, 오히려 쌀을 알면 건강이 보인다. 쌀의 미래는 곧 라이프스타일의 미래다. 그리고 라이프스타일은 결국 사람과 삶에 대한 태도다. 행복한 삶과 사회를 위해서는 쌀에 대한 새로운 개념의 유니버스를 구축할 필요가 있다.

갓 지은 밥의 약속 •

그러기 위해서는 기본적인 쌀 소비문화부터 변화가 필요하다. 요즈음 식당에서는 온장고에 보관된 공깃밥 대신 1인

©어반브릿지

용 솥밥을 내는 곳들이 늘어나고 있다. 갓 도정한 쌀로 갓 지은 밥은 사실 별다른 기술 없이도 기본적으로 맛있다. 하지만 대부분의 식당은 그 기본을 지키지 않는다. 밥맛이 없는 이유는, 밥맛을 위한 조건을 갖추지 않기 때문이다.

왜 모든 식당에서 밥값이 똑같이 천 원인가, 우리는 묻고 고민해야 한다. 천오백 원짜리 밥도 있고, 삼천 원짜리 밥도 있어야 한다. 백미도 먹고, 현미밥도 먹고, 잡곡밥도 먹을 수 있게 다양한 선택지를 소비자에게 제시해야 한다. 박정희 정권 때 생겨난 천편일률적인 스테인리스 공깃밥과 갓 지은 밥에서 멀어지게 하는 온장고도 이제 사라져야 한다. 그래야 식당에서도 '맛있는 밥'을 먹을 확률이 높아질 것이다.

가정에서도 마찬가지다. 혼밥이든 가족과 함께하는 식사든, 밥은 갓 지은 것이 제맛이다. 한 번에 많은 양을 해두고 몇 시간, 혹은 며칠 뒤까지 보온 상태로 남아 있는 밥을 먹는 습관은 이제 바뀌어야 한다. 그래서 집에서는 밥솥의 보온 기능을 되도록 쓰지 않는 것이 '밥맛 국룰'이 되어야 한다. 부디 일주일에 한 번이라도 정성껏 밥 짓는 시간을 가져보기를 바란다. 엄마만 밥을 짓는 것이 아니라, 아빠도, 자녀도 함께 밥을 지어야 밥맛도 인생도 깊어진다. 학교에서도 쌀과 밥에 대한 교육이 필요하다. 이 단순한 실천만으로도 우리는 가정에서도, 식당에서도 건강하고 맛있는 밥을 먹을 가능성을 훨씬 높일 수 있다.

최근 2025년 〈경기도농업기술원〉에서는 '경기 밥 소믈리에 1기' 과정을 개설했다. 가을에는 2기 모집이 예정되어 있다. 참 반가운 소식이다. 경기도뿐 아니라 전국 곳곳에서 다양한 쌀 전문가, 밥 전문가 양성 과정이 생겨나야 한다. 나 역시 '쌀 큐레이터'라는 이름으로 더 쉽고 재미있게 쌀과 밥을 배우고 체험할 수 있는 프로그램을 기획 중이다. 쌀과 밥은 결국 삶을 짓는 도구다.

쌀로 여는 미래의 라이프스타일 •

일본 도쿄에는 운동선수들을 위한 '애슬릿 레스토랑(アスリート食堂)'이 있다. 〈쇼쿠도 칸다니시키초〉 본점은 유명 운동선수들뿐만 아니라 일반인들도 찾는 건강 식단 전문 식당이다. 식사 메뉴는 매일 세 가지 주요리 가운데서 선택할 수 있으며, 밥의 종류도 고를 수 있다. 퀴노아와 입맥 등 네 가지 발아미를 섞은 오리지널 '아스 라이스(Asu rice)', 가고시마산 이쿠히카리 등 특수 블렌딩된 쌀도 판매한다. 식사 시에는 칼로리와 영양소 함량이 표기되어 있어 자신이 먹는 쌀과 영양을 직관적으로 이해할 수 있다.

나는 서울에도 이런 식당이 생겼으면 한다. 예컨대 한강

변에 러너들을 위한 식당이 들어서면 어떨까? 달리고 난 후 한강을 바라보며 따뜻한 밥 한 끼를 먹는 그 상쾌함. 이런 복합문화공간은 새로운 라이프스타일의 실험이자, 쌀 소비문화의 진화가 될 수 있다. 좋은 모델이 만들어진다면 자연스레 전국으로 확산할 것이다.

일본의 한 지역 스타벅스에서는 오전 시간을 치매 환자와 그 가족들을 위한 공간으로 활용하고 있다고 한다. 고령화, 지역 소멸, 생태 위기를 마주한 지금, 우리는 일상에서 더 다정하고 지속 가능한 쌀의 유니버스를 만들어야 한다. 맛있는 밥을 넘어 건강한 밥, 행복한 밥에 대한 상상력이 필요하다.

오늘날 우리는 유튜브를 통해 전 세계의 음식 콘텐츠를 누구나 쉽게 접하는 시대에 살고 있다. 이럴 때일수록 나만의 밥 철학, 쌀 철학을 가져야 한다. 쌀은 관심과 공부와 애정이 필요한 존재다. 아는 만큼 보이고, 사랑하는 만큼 더 깊어지는 세계. 쌀은 그렇게 예술이 된다. 우리의 밥상이, 우리의 삶이 곧 미식의 우주다.

| 에필로그

쌀의 미래
: 쌀에 대한 상상력

    포항 MBC에서 방영한 다큐멘터리 「쌀과 밀, 2만 년의 투쟁」을 보면, 인류의 역사는 곡물과 함께 써 내려온 역사였음을 새삼 실감하게 된다. 그중에서도 쌀과 밀은 그야말로 인류 문명의 토대이자 문화의 기둥이었고, 앞으로도 그럴 것이다. 다만 기후 변화와 생태 위기, 농업 기반의 붕괴라는 복합적인 상황 속에서 인류의 주식인 곡물들은 또다시 수많은 투쟁과 변화의 최전선에 서게 될 것이다. 그래서 오히려 나는 확신한다. 쌀의 미래는 곧 로컬의 미래라는 것을.

쌀의 미래는 로컬의 미래다 •

 어떤 쌀이 좋은 쌀일까. 맛있는 밥이 멋있는 인생을 만들 수 있을까. '라이스스타일'이 라이프스타일을 바꿀 수 있을까. 쌀이 예술이 될 수는 없을까. 쌀이 지역 소멸을 막을 수 있을까. 아니, 지구를 구할 수 있을까. 그런 질문들 속에서 나의 쌀 여행은 시작되었고, 지금도 계속되고 있다. 나는 계속 질문하고, 계속 도전하고 싶다. 이 책은 그 여정의 중간보고서와 같다.

 이 책에는 맛있는 쌀, 밥, 술에 얽힌 이야기를 담았다. 쌀의 기본 정보부터 시작해 흥미로운 이야기와 사람들의 경험, 로컬과 농촌의 풍경까지 한데 엮어, 쌀이라는 주제를 조금 더 가깝고 재미있게 소개하고자 했다. 이 책을 통해 독자 여러분도 한 번쯤은 좋은 쌀을 찾아보고, 맛있는 밥 한 끼를 스스로 지어보고 싶다는 마음이 들었으면 좋겠다. 그리고 그것이 새로운 일상의 상상력으로 확장되기를 바란다.

 이 책의 제목인 '미*학개론'은 다음 책의 시작이기도 하다. 언젠가는 '미*학의 정석'까지 이어가며 쌀에 대한 인문학적, 생태적, 미식적 탐구를 계속할 계획이다. 그러려면 앞으로 더 깊고 넓은 공부와 경험이 필요할 것이다. 쌀이 생산되고, 유통되고, 소비되는 그 모든 과정을 더 섬세하게 들여다볼수록 쌀도, 나도 함께 성장할 것이다.

그래서 나는 늦었지만 농학과 농업에 관한 공부를 새롭게 시작하려 한다. 국내 쌀 여행도, 해외 쌀 투어도 계속될 것이다. 유튜브와 블로그를 통해 더 많은 사람들과 쌀에 관한 흥미로운 이야기를 나눌 것이다.

쌀은 곡물이지만, 동시에 풀이고, 생명이다. 꽃을 피우고, 열매를 맺고, 밥이 되고, 떡이 되고, 빵과 죽이 되며, 술이 되기도 한다. 그토록 다양한 모습을 가지고 있음에도 우리는 쌀을 공기처럼 당연히 여긴다. 익숙함 속에 가려진 존재. 그러나 쌀은 결국 사람이고, 사람의 삶이다. 살아 있는 쌀, 끊임없이 변화하는 쌀. 우리가 쌀에 상상력을 더할 때, 삶은 더 다채롭고 풍요로워진다. 나는 밥 한 그릇에서 예술을 상상하고, 쌀알 하나에서 사회를 다시 그려본다.

米술관을 꿈꾸다 •

빵집이 있고, 커피 전문점이 있고, 와인숍이 있고, 위스키 바가 있다. 전통주를 전문으로 하는 바도 생겨나고 있다. 그

런데 왜 쌀 전문점은 없을까?

오래전부터 나는 농부에서부터 밥집, 술집, 양조장 주인, 그림책 작가, 다큐 감독, 음악가, 미술가들까지 쌀을 사랑하는 사람들이 모여 함께 할 수 있는 공간을 꿈꿔왔다. 그 이름은 '○○米술관'. 쌀에 관한 모든 것을 예술과 전시, 경험으로 풀어내는 새로운 라이프스타일 플랫폼이다. 쌀 큐레이터가 하나의 직업이 되고, 쌀 박물관이 편집숍이자 문화공간으로 변모하는 풍경을 상상해 본다. 지금은 그런 노력의 하나로 서울역 인근의 〈중림창고〉라는 복합공간에서 팝업 형태의 '米술관'을 준비하고 있다.

실용적인 변화도 필요하다. 외식업 종사자와 소상공인을 위한 온라인 교육 콘텐츠에 쌀 관련 강좌가 도입되어야 한다.

온장고와 공깃밥에 익숙한 식당 문화도 바뀌어야 한다. 집에서도 취향과 건강을 고려해 밥을 짓는 문화가 자라나야 한다. 좋은 쌀, 좋은 밥, 좋은 술이 무엇인지 알기 위해서는 기초적인 지식이 필요하고, 이런 지식이 소비자에게 전달되는 구조가 마련되어야 한다. 그것은 하나의 생태계다. 미래의 햇빛정미소, ○○米술관은 단순히 쌀을 판매하고 소비하는 것에 멈추지 않고, 생태와 에너지, 예술과 로컬이 연결된 미래적인 삶의 방식을 실험하는 장이 될 것이다. 더 재미있고, 더 의미 있고, 더 창조적이고, 더 혁신적인 쌀이 필요한 시대가 도래했다.

쌀맛 나는 세상, 살맛 나는 삶 •

조선 후기인 19세기 말, 하루 두 끼가 일상이던 시대에 프랑스인 다블뤼 신부는 조선을 방문해 이렇게 기록했다.

"조선 사람들은 많이 먹는 것을 명예로운 일로 여기며, 노동하는 이들의 식사량은 쌀밥으로 1리터에 이른다. 이는 아주 큰 사발을 꽉 채운 양이다."

마찬가지로 조선 후기 실학자였던 성호 이익은 『성호사

설』에서 "우리나라 사람들이 다식(多食)에 힘쓰는 것은 천하 으뜸"이라며 자부심을 드러냈다. 우리는 다식의 민족이었고, 그 중심에는 항상 곡물이 있었다. 농사는 천하의 근본이었고, 임금조차 창덕궁 후원에서 직접 농사를 지었다.

앞으로 인류의 식생활이 어떻게 변할지는 아무도 모른다. 그러나 우리는 예감할 수 있다. 양보다는 질, 그리고 문화적·예술적·생태적인 소비로 나아가리라는 것을 말이다. 그 안에서 쌀이 또 한 번 대안으로 주목받을 수 있을까. 농가 인구가 200만 명이 채 안 되고, 청년들은 이미 농업을 등진 지 오래인 현실에서 과연 그게 가능할까.

쌀은 산업이고, 정치이고, 문화이고, 예술이다. 생산, 도정, 유통, 보관, 가공, 소비의 전 과정에서 전면적인 전환이 필요하다. K-푸드가 세계인의 입맛을 사로잡고 있다면, K-라이스 또한 문화와 예술을 품은 또 하나의 한류가 될 수 있다.

현대를 살아가는 우리는 세종대왕도 먹어보지 못했던 쌀

을 먹고 있다. 토종 종자, 전통 음식, 그리고 음식의 생태학은 수많은 이야기의 원천이다. 쌀에 대한 상상력은 결국 로컬의 미래를 상상하는 일이다. 그리고 그것은 곧 우리 사회와 삶의 미래를 설계하는 일이다.

누구에게나 인생의 밥이 있다. 당신의 밥은 무엇인가. 쌀맛 나는 세상, 살맛 나는 삶을 위하여 맛있는 밥을 찾아 떠나는 일상의 여행을 권한다. 쌀도 하나의 문화가 될 수 있다. 당신도 쌀 큐레이터가 될 수 있다. 나의 쌀 여행은 아직 끝나지 않았다.

| 참고 자료

〈서적 및 인쇄매체〉

강양구, 강이현 (2009). 밥상혁명. 서울: 살림터.
강제윤 (2023). 날마다 섬 밥상. 서울: 어른의시간.
김진영 (2022). 맛있으면 고고씽. 서울: 문학수첩.
김현인 (2019). 논 벼 쌀. 전라도닷컴.
류기형 (2002). 쌀의 여행. 서울: 효일.
무라카미 하루키 (2020). 만약 우리의 언어가 위스키라고 한다면. 서울: 문학사상.
박상현 (2013). 일본의 맛, 규슈를 먹다. 서울: 따비.
박성환 (2019, 8월 18일). "밥이 답이다(76)—8월 18일은 쌀의 날." 소믈리에 타임즈.
소홍삼 (2021). 축제의 탄생. 서울: 연극과인간.
쓰지노 마사유키(지음), 위정훈(옮김) (2011). 쌀 다이어트 (*Rice Diet*). 서울: 어바웃어북.
안완식 (2020). 생명을 살리는 토종씨앗기행 30년. 서울: 이유.
오제 아키라 (2011). 나츠코의 술. 서울: 학산문화사.
우보농장(이근이). (2023). 토종벼, 흐르는 생명. (제작·인쇄: 우

보농장/디자인: 예호)

우아한형제들 외. (2018). 매거진 F Vol.05: 쌀(Rice). 서울: B Media Company.

이기중 (2024). 밥 먹으러 일본 여행 — 오니기리에서 에키벤까지, 소소하지만 특별해! 서울: 따비.

이주량 (2024). 당신이 모르는 진짜 농업 경제 이야기. 서울: 세이지.

이동진 (2017). 퇴사준비생의 도쿄. 서울: 더퀘스트.

이철승 (2021). 쌀 재난 국가. 서울: 문학과지성사.

이철호, 이숙종, 김미령 (2015). 쌀의 혁명. 서울: 도서출판 식안연(식생활안전성연구소).

일본취반협회 (2024). 밥 소믈리에 교재/교육자료.

정광하, 오남도 (2023). 시골살이, 오늘도 균형. 서울: 차츰.

정다현 (2023). 전국김밥일주. 서울: 가디언.

정은정 (2011). 밥은 먹고 다니냐는 말. 서울: 한티재.

정진아(엮음), 임상희(그림). (2019). 맛있는 시. 서울: 나무생각.

정혜경 (2019). 밥의 인문학. 서울: 따비.

정혜경 (2021). 발효음식 인문학. 서울: 헬스레터.

주영하 (2019). 조선의 미식가들. 서울: 연남책빵.

주영하 (2020). 백년식사. 서울: 휴머니스트.

탁재형 (2022). 우리술 익스프레스. 서울: EBS BOOKS.

허시명 (2010). 막걸리, 넌 누구냐? 서울: 예담.

〈영상 자료〉

KNN (2020). 최강 1교시—한식의 뒷길을 걷다 (박찬일) [YouTube 영상].

KNN (2022). 최강 1교시—우리가 몰랐던 쌀 이야기 (박상현) [YouTube 영상]

남재작(짓다) (2025). *Farm Lab Gitta* (YouTube 채널).

주락이월드·14F (2025). 이름 없는 시골 양조장에서 생긴 만화 같은 이야기—닷사이는 왜 이렇게 유명해진 걸까? [YouTube 영상].

전주MBC (2025). 창사 60주년 다큐: 밥맛.

포항MBC (2019). 특집다큐: 쌀과 밀—2만 년의 투쟁.

한국농업방송(NBS) (2024). 한일 미식(米食)로드I: 김밥 그리고 오니기리 이야기 [YouTube 영상].

한국농업방송(NBS) (2024). 한일 미식(米食)로드II: 세계에서 가장 비싼 쌀 [YouTube 영상].

미학개론

좋은 쌀, 좋은 밥, 좋은 삶 이야기

ⓒ 김동규 2025

초판 1쇄 인쇄	2025년 10월 10일
초판 1쇄 발행	2025년 10월 15일

지은이	김동규
펴낸곳	도서출판 경계
펴낸이	최재훈
책임편집	허웅
표지 디자인 및 일러스트	책사이방
본문디자인	네오이크

등록	2011년 1월 19일, 제2012-000279호
주소	서울시 마포구 동교로 129, 301-B
전화	02-3144-1313
팩스	02-3144-0852
이메일	gyeonggyebooks@gmail.com
ISBN	979-11-972002-5-0(03590)

- 잘못 만들어진 책은 구입처에서 바꿔 드립니다.
- 이 책 내용의 전부 또는 일부를 재사용하려면 반드시 저작권자와 〈도서출판 경계〉의 서면 동의를 받아야 합니다.